Dieter Hattrup

Frankenberger Gottbekenntnisse großer Naturforscher

W0369289

Dieter Hattrup

Frankenberger

Gottbekenntnisse großer Naturforscher

paulinus

Bibliografische Information der Deutschen Nationalbibliothek
Die Deutsche Nationalbibliothek verzeichnet diese Publikation in der Deutschen Nationalbibliografie; detaillierte bibliografische Daten sind im Internet unter http://dnb.d-nb.de abrufbar.

19., durchgesehene Auflage 2011
Die ersten 17 Auflagen erschienen von 1963 bis 2002 als »Gottbekenntnisse großer Naturforscher« von Ernst Frankenberger
Einbandabbildung: Reinhard Tiburzy/panthermedia.net
Alle Rechte vorbehalten
© Paulinus Verlag GmbH
Gestaltung & Typografie: K. Drechsler & A. Lehmann, Leipzig
Satz, Druck & Herstellung: Paulinus Verlag GmbH, Trier

ISBN 978-3-7902-2007-0

Bestellungen über:
die KSM – Katholische Schriftenmission, Leutesdorf
oder
Paulinus Verlag GmbH
Maximineracht 11c | 54295 Trier
Telefon 06 51/46 08-121 | Telefax 06 51/46 08-220
E-Mail: buchversand@paulinus.de
www.paulinus.de

Inhalt

Vorwort 7

Bekenntnisse 9

Nachwort 74

Nachweise 87

Namenregister 94

Vorwort zur 2. Auflage

Ernst Frankenberger hat in diesem Verlag über Jahre und Jahrzehnte hinweg ein kleines, sehr erfolgreiches Büchlein herausgegeben, in dem er »Gottbekenntnisse großer Naturforscher« gesammelt hatte. Die Nachfrage hält bis heute an und zeigt die Notwendigkeit einer solchen Sammlung. Unter dem gleichen Titel wird sie jetzt in der 19. Auflage von mir herausgegeben, die zweite von mir besorgte Ausgabe.

Nicht die Kunst, nicht die Politik, nicht die Religion waren in der Neuzeit unbestritten, sondern die Wissenschaft. »Die Naturwissenschaft ist der harte Kern der Neuzeit«, sagt Carl Friedrich von Weizsäcker. Für lange Zeit aber und bei vielen Leuten galten die Naturwissenschaften als Quelle des Unglaubens. Nach dem »Dreistadiengesetz« von Auguste Comte im 19. Jahrhundert, das bis heute jeder französische Schüler lernen muss, sollte nach der Religion die Philosophie herrschen und nach der Philosophie als endgültige Siegerin die Wissenschaft. Ernst Frankenberger fand das Urteil voreilig. Er hatte den Einfall, Bekenntnisse wirklich guter Naturforscher zu sammeln. Und siehe da! Sie sprechen eine ganz andere Sprache als Comte, der kein Wissenschaftler war und von produktiver Forschung keine Ahnung hatte. Sie bekunden immer neu die Ehrfurcht der Forscher vor Gott und der göttlichen Schöpfung.

Im ersten Teil wird die Sammlung in neuer Form vorgelegt. Einige Aussprüche sind geblieben, andere weggefallen, wieder andere sind hinzugekommen. Vor allem sind in dieser Ausgabe kleine Kommentare beigefügt worden. Der zweite Teil versucht in einem Nachwort, den Wert dieser Gottbekenntnisse zu beleuchten. Im dritten Teil werden alle in Anführungsstriche gesetzten »Zitate« nachgewiesen. Bisher hatte es keine Quellenangaben gegeben, deshalb ließen sich die Aussagen nicht nachprüfen.

Paderborn, 7. März 2011
Heiliger Thomas von Aquin, Theologe
Dieter Hattrup

Bekenntnisse

Francis Bacon *1561 +1626

Lordkanzler, Begründer des englischen Empirismus

»Ein Tropfen Wissenschaft bringt Unglauben, ein ganzer Becher aber macht fromm.«

Ein häufig zitiertes Wort, dessen Ursprung bei dem Lordkanzler Bacon nicht leicht nachzuweisen ist. Der Astronom Heinrich Vogt führt den Ausspruch in seinem Buch »Kosmos und Gott« auf Bacon zurück. Bei dem Physiker Carl Friedrich von Weizsäcker hat er eine etwas andere Form. »Nach einem alten Satz trennt uns der erste Schluck aus dem Becher der Erkenntnis von Gott, aber auf dem Grunde des Bechers wartet Gott auf den, der ihn sucht.«

Das Wort ist tiefgründig. Wenn der Mensch sich regt in Philosophie oder Wissenschaft, will er über eine Grenze hinauskommen. Nur so kann er auch den Alltag bestehen. Die letzte Grenze aber für den Menschen ist Gott, wenn Gott die alles umfassende Wirklichkeit ist. Viele Leute in der Neuzeit haben nun von einer Wissenschaft geträumt, die alle Grenzen niederreißt, die alle Wirklichkeit umfassend begreift und damit Gott abschafft. Das ist der erste Tropfen oder der erste Schluck, er macht süchtig und ungläubig. Deshalb scheint die Wissenschaft den Unglauben im Gefolge zu haben.

Aber wer in ihre Grundlagen eindringt, wer also selbst die Wissenschaften betreibt, der trinkt den zweiten und den dritten Schluck, der kommt auf den Grund des Bechers, und plötzlich zeigt sich die andere Seite. Die Wissenschaft ist endlich und bleibt endlich! Bei allem Wachstum, das es tatsächlich gibt, hebt sie die Grenze zum Unendlichen nicht auf. Diese Grenze gibt es gar nicht, sondern der endliche Mensch lebt im unendlichen Gott. Der Atheist lebt in einem doppelten Irrtum: Er meint, dass Gott ihm eine Grenze setzt, und er meint, diese Grenze abschaffen zu können. Die Wirklichkeit aber ist anders, und der Glaube ist die Anerkennung der anderen Wirklichkeit. »... ich habe Erbarmen gefunden, denn ich wusste in meinem Unglauben nicht, was ich tat.« (1 Tim 1,13).

Johannes Kepler *1571 †1630

Mathematiker, Astronom, Entdecker der Planetengesetze

»Ich breche absichtlich den Schlaf und die uferlose Betrachtung ab, indem ich nur mit dem königlichen Psalmisten ausrufe: Groß ist unser Herr und groß seine Kraft und seiner Weisheit ist keine Zahl. Lobpreist ihn, ihr Himmel, lobpreist ihn, Sonne, Mond und Planeten, welchen Sinn ihr auch habt zu erkennen, welche Zunge zu rühmen euren Schöpfer.«

Kepler hat die drei Gesetze entdeckt, nach denen die Planeten um die Sonne laufen. Besonders das dritte Gesetz, das die Umlaufzeiten mit den

Abständen von der Sonne verbindet, hat ihm viel Arbeit gemacht. Wie ein unverdientes Geschenk Gottes, umso glücklicher, hat er zuletzt die Lösung in Empfang genommen. Sie war ihm eine Offenbarung. Das Psalmenlob ist im Jahr 1618 genau in diesem Moment entstanden. Kepler kann es nicht fassen, dass er nun die Lösung gefunden hat. Viele Jahre mit Schweiß und Mühe werden ihm plötzlich reichlich entlohnt. Deshalb lässt er Sonne, Mond und Planeten zum Lob des Herrn antreten.

Kepler will ein Christ sein, er sieht zwischen seiner eigenen Mühe und der Gnade Gottes keinen Gegensatz. In der gelungenen guten Tat handelt zu 100 Prozent der Mensch und zu 100 Prozent Gott. In der himmlischen Mathematik ist 100 plus 100 gleich 100, weil Gott der Unendliche ist! Der endliche Mensch lebt zugleich außerhalb und innerhalb Gottes. »Seh' ich den Himmel, das Werk deiner Finger, Mond und Sterne, die du befestigt: Was ist der Mensch, dass du an ihn denkst, des Menschen Kind, dass du dich seiner annimmst?« (Ps 8,4).

Blaise Pascal *1623 †1662

Philosoph, Mathematiker, Begründer der Wahrscheinlichkeitstheorie

»Wägen wir Gewinn und Verlust für den Fall, dass wir auf Kreuz setzen, dass Gott ist. Schätzen wir diese beiden Möglichkeiten ab. Wenn Sie gewinnen, gewinnen Sie alles, wenn Sie verlieren, verlieren Sie nichts. Setzen Sie also, ohne zu zögern darauf, dass Gott ist.«

Pascal wurde nur 39 Jahre alt und war seit seinem 18. Lebensjahr von bösen Schmerzen geplagt. Dennoch gelangen ihm große Erkenntnisse im Bereich des Geistes, in der Mathematik, in der Philosophie und in der Religion. Er vermochte sogar, die Mathematik in den Dienst der Religion zu stellen.

Berühmt ist seine Wette, die er dem Zweifler vorschlägt: Wenn Du ein Leben in Saus und Braus führst, wenn Du Gott nicht ehrst und seine Gebote nicht hältst, dann hast Du vielleicht fünf, sechs Jahrzehnte lang einen Vorteil davon. Aber dann ist es aus und vorbei mit Dir. Du musst, wenn Gott existiert, mit einer ewigen Strafe rechnen. Dagegen, wenn Du Gott ehrst und seine Gebote hältst, verlierst Du nicht viel, sollte Gott nicht existieren. Du verlierst nur ein wenig Endlichkeit. Im Vergleich zur Unendlichkeit ist das ein Nichts! So stellte Pascal die Wahrscheinlichkeitsrechnung in den Dienst des Glaubens. »Unser Leben währt siebzig Jahre, und wenn es hoch kommt, sind es achtzig. Das Beste daran ist nur Mühsal und Beschwer, rasch geht es vorbei, wir fliegen dahin.« (Ps 90,10).

Isaac Newton *1643 †1727

Großer englischer Naturforscher, Entdecker der Schwerkraft, Begründer der klassischen Physik

»Dieses uns sichtbare, höchst erlesene Gefüge von Sonne, Planeten und Kometen konnte allein durch den Ratschluss und unter der Herrschaft eines intelligenten und mächtigen wahrhaft seienden Wesens entstehen. ... Er lenkt alles, nicht als Weltseele, sondern als der Herr aller Dinge.«

Das Lob eines persönlichen Gottes und Herrn ist vom überragenden Isaac Newton völlig ehrlich gemeint. Ja, in seinem Hauptwerk »Mathematische Grundlagen der Naturphilosophie« will er Theologe sein, der Physik betreibt, um am Ende den Schöpfergott als Baumeister des Alls zu preisen. Von dort stammt auch unser Satz über den Herrn aller Dinge. Newton hat die wunderbar einfachen Gesetze der Planetenbewegung, die Kepler gefunden hatte, und das Galileische Fallgesetz aus einem noch einfacheren Gesetz abgeleitet, nämlich aus der gegenseitigen Anziehung von Körpern. Dieses Gravitationsgesetz gilt universell für alle Körper in der Natur. Weil das Gesetz so einfach und allgemein ist, kann Newton es nur als einen Gedanken Gottes verstehen, mit dem dieser die Welt lenkt.

Auf seinem Grabstein in Westminster Abbey heißt es: »Er war der Natur, der Altertumskunde und der Heiligen Schrift eifriger, scharfsinniger und getreuer Interpret, indem er die Majestät des besten und höchsten Gottes durch seine Philosophie bestätigte und durch seinen Lebenswandel die Einfachheit des Evangeliums ausdrückte. Mögen sich die Sterblichen beglückwünschen, dass eine solche und große Zierde des menschlichen Geschlechts gelebt hat.«

Dennoch ist die Wirkung Newtons doppeldeutig. Die Nachfolger Newtons waren fast alle scharfe Atheisten – mit dem gleichen Argument wie er: Aus der vollen Gesetzlichkeit der Natur schlossen sie auf die Überflüssigkeit des Schöpfers. Das ist eine Regel im geistigen Leben: Jede Einseitigkeit schlägt leicht in ihr Gegenteil um. Erst die Quantentheorie hat diesen Determinismus der Natur beendet, der also nie bestanden hat, sondern nur bei Newton eine fromme und bei vielen anderen eine unfromme Meinung war (S. 70). Die Quantentheorie lehrt, dass die Natur aus Gesetzlichkeit und Nichtgesetzlichkeit besteht. Erst auf diesem Doppelboden kann die Freiheit des Geistes gedeihen – die Freiheit Gottes und des Menschen. »Wenn aber jener kommt, der Geist der Wahrheit, wird er euch in die ganze Wahrheit führen.« (Joh 16,13).

Immanuel Kant * 1724 + 1804

Naturforscher und Philosoph, Entdecker des Planetenwirbels, Begründer der Transzendentalphilosophie

»Ich musste also das Wissen aufheben, um zum Glauben Platz zu bekommen.«

Kant ist vor allem als Philosoph bekannt, aber er hat auch entdeckt, dass die Planeten ursprünglich einen Staubwirbel gebildet haben, der um die Sonne kreiste. Daraus sind Merkur, Venus, Erde, Mars und die anderen Planeten entstanden. Im Jahr 1790 hat er Darwins »Überleben des Bestangepaßten« um 69 Jahre vorweggenommen. Kant ist also auch ein Naturforscher.

Über das Verhältnis von Glauben und Wissen hat der Königsberger Philosoph unaufhörlich nachgedacht. Das Zitat hier ist vielleicht sein tiefstes Wort zu diesem Thema. Unsere Beziehung zu Gott, sagt Kant, ist von anderer Art als zu den Dingen. Die Dinge sind endlich, von ihnen können wir ein Wissen haben, obwohl auch da eine Distanz besteht, da ich das Ding an sich nicht kenne. Aber wie soll ich ein Wissen von Gott haben, ich, der endliche Mensch, vom unendlichen Gott? Kann ich Gott auf Abstand bringen und wie ein Ding ansehen? Nein! Gott ist wohl die Voraussetzung und das Ziel allen Wissens, aber er ist etwas anderes als ein einzelnes Ding. An dieser Stelle schafft Kant den Platz für den Glauben. Vielleicht kann man den Platz in seinem Sinne so ausfüllen: Nicht ich ergreife alle Wirklichkeit, das wäre nach dem Muster des endlichen Wissens gedacht, sondern die Wirklichkeit ergreift mich. Bin ich mit dem Ergriffensein einverstanden, dann bin ich gläubig und nenne die Wirklichkeit Gott, wenn nicht, dann ungläubig. »Glaube aber ist: Feststehen in dem, was man erhofft, Überzeugtsein von Dingen, die man nicht sieht.« (Hebr 11,1).

Alessandro Giuseppe Graf Volta *1745 +1827

Italienischer Physiker, Entdecker der Elektrizität

»Ich verstehe nicht, wie jemand an der Aufrichtigkeit und Standhaftigkeit meines Glaubens zweifeln kann.«

Jeder kennt den Grafen Volta, obwohl die meisten Leute, nach ihm befragt, wohl den Kopf schütteln würden. Er ist allen bekannt, da wir jeden Tag elektrischen Strom gebrauchen, dessen Spannung zu Ehren dieses Grafen in Volt gemessen wird. Volta führte ab 1765 Experimente zur Erforschung der Elektrizität durch. Im Jahr 1774 gelang ihm der Bau eines Apparats, mit dem man Ladungen erzeugen konnte. Später entwickelte er die Voltasche Säule, die ein Vorläufer der heutigen Batterie ist. Er stellte die Säule 1800 in Paris einem Publikum vor, unter dem sich Napoleon befand, der ihn zehn Jahre später zum Grafen ernannte.

Wir brauchen keine Worte über diesen Naturforscher zu machen, denn er selbst hat seinem Glauben einen beredten Ausdruck gegeben. Ein Bekannter hatte sich auf Volta berufen und behauptet, ein Gelehrter brauche keine Religion. Darauf schrieb ihm Volta in einem Brief am 6. Januar 1815: »Die grundlegenden Wahrheiten des Glaubens habe ich einem eingehenden Studium unterworfen, habe die Werke der Apologeten und die der Gegner gelesen, habe die Gründe für und wider ermessen und dadurch so sprechende Beweise erhalten, welche die Religion auch dem natürlichen Geiste glaubwürdig machen, so sehr, dass, wer von Sünde und Leidenschaft noch nicht verderbt ist, eine von Natur aus groß denkende Seele nichts anderes tun kann, als sie umfassen und sie liebgewinnen.« Darauf kann ihm das Evangelium nur antworten: »Wer sich nun vor den Menschen zu mir bekennt, zu dem werde auch ich mich vor meinem Vater im Himmel bekennen.« (Mt 10,32).

Carl Friedrich Gauß *1777 +1855

Fürst der Mathematiker

»Endlich vor ein paar Tagen ist's gelungen, aber nicht meinem mühsamen Suchen, sondern bloß durch die Gnade Gottes, möchte ich sagen. Wie der Blitz einschlägt, hat sich das Rätsel gelöst.«

Kepler hat Gott gedankt für das dritte Planetengesetz, Gauß dankt Gott für die große Gnade in seinem Ringen um das quadratische Reziprozitätsgesetz. Vier lange Jahre hat er vergeblich nach einem Vorzeichen gesucht und es nicht gefunden. Traurig hat er nach jedem Versuch die Feder wieder sinken lassen. Jetzt, am 30. August 1805, ist es soweit, er kann in einer wichtigen Gleichung zwischen Plus und Minus unterscheiden. Und doch hat er in all seinem persönlichen Ringen den Eindruck, eine Kraft, größer als er, sei in ihm tätig gewesen und habe wie ein Blitz eingeschlagen.

Die unglaubliche Begabung von Gauß für die Mathematik ist legendär. Es gibt die gut belegte Geschichte, die ein Lehrer »der Braunschweiger Anfängerschule mit ihm hat«. Dieser Lehrer wollte die Kinder für ein paar Minuten ruhig stellen, um sich in seinem Sessel zurück zu lehnen. Er stellt ihnen die Aufgabe, alle Zahlen von 1 bis 40 zusammenzuzählen. Sofort schreibt der kleine Carl Friedrich die Antwort auf seine Schiefertafel nieder und deponiert sie vorne auf dem Pult des Lehrers. Nach langer Zeit sind die anderen Kinder fertig und bringen ihre Tafeln nach vorne. Eine nach der anderen dreht der Lehrer um, schließlich auch die erste Tafel. Da sieht er nur eine einzige Zahl, die richtige 820. Wie hat der Junge das gemacht? Er hatte einfach alle 40 Zahlen auf einmal angeschaut; 1 + 40 = 41, 2 + 39 = 41 usw. – und das zwanzigmal. Und 20 mal 41 = 820.

Das Gottbekenntnis von Gauß redet über das Schaffen. Gauß war ein Ausnahmemensch in der geistigen Produktivität. Solche Schaffenskraft entfaltet sich in enormer Anstrengung. Dennoch hat der produktive Forscher ein religiöses Erlebnis. Er erfährt seine Leistung nicht nur als seine eigene Anstrengung, sondern auch als Erwählung, als erhabenes Geschenk. Gauß bemerkt die beseligende Wahrnehmung der Gestalt durch die Schaffung von Gestalt. Im Gelingen sieht er mehr als das Gelungene, er erfährt die Gnade Gottes, die das Gelingen möglich gemacht hat. »Du aber hast alles nach Maß, Zahl und Gewicht geordnet.« (Weish 11,20).

Alexander von Humboldt *1769 +1859

Naturforscher, Begründer der physischen Geographie

»Es wohnt dem Bilde des Unermesslichen, des Grenzenlosen, des Unendlichen eine Kraft bei, die zu ernster, feierlicher Stimmung anregt.«

Alexander von Humboldt ist der große Forschungsreisende. Er zog auf den Spuren des Kolumbus durch die Welt, allerdings nicht wie dieser, um Seelen, Länder oder Reichtum zu erobern, sondern um die Natur zu erkunden. Er bereiste zunächst Nordwest- und Westeuropa, dann zog er von 1799 bis 1804 über die Kanarischen Inseln nach Amerika. Seine Entdeckungen und Reisebeschreibungen haben viele weiße Flecken auf der Landkarte getilgt. Sein Hauptwerk, aus dem auch unser Zitat stammt, heißt Kosmos. In ihm hat er ab 1845 das Wissen seiner Zeit über die Natur gesammelt.

Aber Alexander von Humboldt ist mehr als ein Forscher. Er lässt sich auch selbst ergreifen von dem, was in der Natur zu finden ist. Damit zeigt er seine religiöse Natur. Irreligiös ist derjenige, der sich von nichts ergreifen lassen will, sondern der meint, alles selbst in der Hand zu haben. Obwohl die Welt endlich ist, auch der ganze Kosmos, verweist die Natur doch auf das Unendliche im Sinne des Apostels Paulus: »Seit Erschaffung der Welt wird seine unsichtbare Wirklichkeit an den Werken der Schöpfung mit der Vernunft wahrgenommen, seine ewige Macht und Gottheit. Daher sind sie unentschuldbar.« (Röm 1,20). Jedem endlichen Leben wohnt eine Sehnsucht inne, unendlich zu sein. Die Natur mit ihren Riesenzahlen von Sonnen und Milchstraßen gibt uns eine Ahnung davon, was es mit dem Erhabenen in der Natur auf sich hat: Das riesig Endliche der Natur ist aber nicht das Unendliche, sondern weist auf das hin, war wir in der Natur ersehnen. Das stimmt uns ernst und feierlich. Unbewusst wissen wir, dass nicht die Natur das Unendliche gibt, sondern nur der Urheber der Natur, der Unendliche. »Die Stimme des Herrn zerbricht die Zedern, der Herr zerschmettert die Zedern des Libanon. Er lässt den Libanon hüpfen wie ein Kalb, wie einen Wildstier den Sirjon.« (Ps 29,5 f.).

Michael Faraday *1791 †1867

Englischer Physiker, Entdecker des Elektromagnetismus

»Wenn ich mich rechtfertige, wird mein eigener Mund mich verdammen. Wenn ich sage, ich sei vollkommen, so wird es sich als verkehrt erweisen.«

Eigentlich stammt das Wort nicht von Faraday, sondern aus der Bibel, aus dem Buch Ijob (9,20). Aber Faraday hat den Vers in seiner Bibel dick unterstrichen und sich zu eigen gemacht, sowohl im Wortlaut wie im Leben. Seine Genialität war so sprichwörtlich wie seine Bescheidenheit. Sein Vater war Hufschmied gewesen, er selbst zunächst Buchbinder. Aber weil er mit Leidenschaft die Bücher las, die er in die Hand bekam, wurde er Assistent des Chemikers Humphry Davy. Seine größte Entdeckung machte er am 27. August 1831, als er die elektromagnetische Induktion entdeckte, auf der alle Elektrotechnik beruht und folglich zum Beispiel alle Elektromotoren. Faraday blieb bescheiden und dankbar, konnte Neid verzeihen, lehnte den Adelstitel ab, selbst ein Staatsbegräbnis in der Westminster Abbey wollte er nicht haben. Er betätigte sich lieber als Sonntagsprediger in einer kleinen Sekte und holte sich von dort die geistige Kraft.

Die Religion beeinflusste Faradays wissenschaftliches Denken entscheidend, und zwar genau nach dem Ijob-Spruch. Faraday machte triumphale Entdeckungen in der Physik, aber er selbst triumphierte nicht. Wie soll man das erklären? Faraday war sich wohl des wahren Verhältnisses von Endlichkeit und Unendlichkeit bewusst, auch wenn er selbst viel dazu beigetragen hat, das Wissen anwachsen zu lassen. Oder weil er dazu beigetragen hat? Nur Träumer meinen, der Abstand zum Unendlichen nehme mit dem Fortschritt der Wissenschaften ab. Der produktive Wissenschaftler weiß, warum es sich umgekehrt verhält: Wenn die Wolkenkratzer in die Höhe schießen, bleibt der Himmel oben ganz unberührt, er zeigt nur mehr die Unermesslichkeit des Kosmos an, die ein Organ des unendlichen Gottes ist. »Der Herr hat gegeben, der Herr hat genommen; gelobt sei der Name des Herrn.« (Ijob 1,21).

Justus Freiherr von Liebig *1803 †1873

Deutscher Chemiker, Erfinder des Kunstdüngers

»Wahrlich, die Größe und unendliche Weisheit des Weltenschöpfers erkennt nur derjenige, welcher in dem unendlichen Buche, welches die Natur ist, seine Gedanken zu verstehen sich bemüht.«

Justus von Liebig gehört zu den Gründergestalten der modernen Naturwissenschaft im 19. Jahrhundert. Der Beginn seiner Laufbahn aber verzögerte sich, weil er im Jugendalter ein Anhänger der Schellingschen Naturphilosophie war, in der nicht experimentiert, sondern spekuliert wurde. Der später so einfallsreiche Experimentator Liebig, der viele wertvolle Entdeckungen im Bereich der organischen Chemie machen sollte, den Aufbau organischer Verbindungen studierte und den in der Landwirtschaft so nützlichen Kunstdünger einführte, konnte später nur mit Schrecken und Entsetzen an die Zeit rein geistiger Beschäftigung mit der Natur denken. »Sie hat mich um zwei kostbare Jahre meines Lebens gebracht.«

Liebig konnte die Weisheit des Weltenschöpfers im bloßen Denken oder in einem bloßen Buch nicht finden. Er musste die Dinge in die Hand nehmen und in ihnen die Spuren des Schöpfers erspüren. Kein Mensch kann den Schöpfer in jeder Weise erkennen, nur die ganze Menschheit wird am Ende den ganzen Gott erkennen. Wenn Gott auch nur in einer Hinsicht erkannt wird, dann wird er eben doch erkannt und anerkannt. Alle Wege führen zu Gott, wenn man sie in der richtigen Richtung geht. Liebig hat seinen Weg gefunden, der zur unendlichen Weisheit führt. »Im Haus meines Vaters gibt es viele Wohnungen.« (Joh 14,2).

Charles R. Darwin *1809 †1882

Englischer Biologe, Entdecker der Evolution

»Wenn ich darüber nachdenke, sehe ich mich gezwungen, auf eine Erste Ursache zu zählen, die einen denkenden Geist hat, gewissermaßen dem menschlichen Verstand analog; und ich sollte mich wohl einen Theisten nennen.«

Das Wort Darwins klingt überraschend, aber es ist original und echt, es steht in seiner Selbstbiographie. Zu Anfang des 21. Jahrhunderts ist gerade die Evolutionslehre die beliebteste Quelle des Unglaubens. Früher waren es Astronomie und Physik, heute eignen sie sich als Quellen des Atheismus nicht mehr so gut, denn in der Quantentheorie sind die Forscher an ihre Grenzen gestoßen. Diese Grenze scheinen die Biologen bisher nicht bemerkt zu haben, weshalb die Evolutionsbiologie für viele Leute noch immer eine Quelle des Atheismus ist.

Nennt sich Darwin hier wirklich einen Theisten, glaubt er an einen lebendigen, persönlichen, frei handelnden Gott? Ja, das ist seine Überzeugung im Jahr 1859, als sein epochales Werk über den »Ursprung der Arten« erschienen ist. Er hat sich allerdings später als Agnostiker bezeichnet, also als einen, der nicht recht weiß, was er vom Ursprung der Welt halten soll. Darwin war ein großer Wissenschaftler, aber kein großer Denker, er fühlte mal so und mal so. Er konnte das Spiel um Zufall und Notwendigkeit (S. 38), das in der Biologie und in aller Naturwissenschaft herrscht, nicht voll durchdenken.

Merkwürdig ist die Lage des Denkens allerdings. Mit dem Gedanken bloßer Notwendigkeit in der Natur kann man Gott beweisen oder ihn leugnen, und man kann mit dem bloßen Zufall Gott beweisen oder ihn leugnen. Wer nur Notwendigkeit sagt, kann das geordnete Zusammenspiel aller Naturkräfte und ihren Schöpfer preisen, oder er kann auf den geschlossenen Kreislauf der Notwendigkeit hinweisen, für den Gott nicht gebraucht wird. Ebenso, wer nur den Zufall kennen will. Dann bekommt die Freiheit entweder in der Natur eine Chance zu handeln, oder sie versinkt in chaotische Sinnlosigkeit.

Der Widerspruch zwischen Zufall und Notwendigkeit entsteht aus ihrer Isolierung. Sie gehören aber zusammen und sind die Voraussetzung für die Freiheit Gottes und die Freiheit des Menschen. Die Natur ist als Schöpfung der Tauschplatz des freien Gottes mit dem freien Menschen. Deshalb sollten wir die Natur nicht nur Natur, sondern auch Schöpfung nennen. »Herr, unser Herrscher, wie gewaltig ist dein Name auf der ganzen Erde; über den Himmel breitest du deine Hoheit aus.« (Ps 8,2).

Robert von Mayer *1814 †1878

Naturforscher, Arzt, Entdecker des Energieerhaltungsgesetzes

»In der von Herzen kommenden Überzeugung rufe ich es der ganzen Welt zu: Die richtige Philosophie kann nichts anderes sein als die Vorschule der christlichen Religion.«

Robert von Mayer begann seine Laufbahn als Schiffsarzt. Bei dieser Tätigkeit erkannte er am hellen Blut der Arterie und am dunklen Blut der Vene das Energieerhaltungsgesetz. Diese Differenz ist in den Tropen kleiner als in den gemäßigten Breiten. Daraus schloss er, dass der menschliche Körper bei höheren Temperaturen weniger Energie verbraucht. Das führte ihn 1842 auf das Gesetz von der Erhaltung der Energie und auf die Gleichheit von Wärme und mechanischer Arbeit. Später bestimmte er dieses so genannte mechanische Wärmeäquivalent auch im Experiment. Als Außenseiter erlangte er erst viele Jahre danach die Anerkennung, die ihm gebührte. Er wurde dann im Jahr 1867 sogar geadelt.

Das Bekenntnis zur christlichen Religion stammt aus einem Vortrag, den er 1869 beim Kongress der Naturforscher in Innsbruck gehalten hat. Einige Leute hatten in seinem Prinzip einen Beweis für den Materialismus sehen wollen. Wenn Arbeit in Wärme umgewandelt werden kann und diese wieder in mechanische Arbeit, so meinten sie, dann ist alle Wirklichkeit nur Mechanik. Wo soll da der Geist noch Platz haben?

Robert von Mayer widersprach heftig. Er nahm den damals in Mode gekommenen Telegraphen als Gegenbeispiel. Im Draht vollziehen sich physische Prozesse. Aber wäre es nicht töricht, den Inhalt des Telegramms für eine Funktion der Elektronen zu halten? Ebenso ist es mit dem Gehirn und den Gedanken. Der Geist nimmt sich das Gehirn als Werkzeug, aber der Geist ist nicht ein Produkt seines Werkzeugs. Das ist für Robert von Mayer die richtige Philosophie, und die führt zur christlichen Religion. Wir sehen, wie im 19. Jahrhundert die Flut der Mechanik alles geistige Leben zu überschwemmen drohte und immer höhere Dämme gebaut werden mussten. Aber erst die Quantentheorie des 20. Jahrhunderts hat die Flut stillgelegt und dem Atheismus das Wasser an der Quelle abgegraben. »Doch beherrsche dich und genieße kein Blut; denn Blut ist Lebenskraft ...« (Dtn 12,23).

Georg Cantor *1845 †1918

Mathematiker, Begründer der Mengenlehre

»Zweitens wende ich mich an den Kreis der gebildeten Laien ..., um sie von den grassierenden

Verirrungen des Skeptizismus, Atheismus, Materialismus, Positivismus, Pantheismus etc. abzubringen und sie allmählich dem allein vernunftgemäßen Theismus wieder zuzuführen.«

Dass ein Mathematiker mit seinem Handwerk dem Glauben dienen will, ist selten. Zweihundertfünfzig Jahre nach Pascal ist Cantor vielleicht erst der zweite. Seine Pionierleistungen stehen außer Zweifel, da durch ihn die moderne Mathematik erst möglich geworden ist. Als später andere Vorschläge zur Grundlegung der Mathematik gemacht wurden, sprangen viele Mathematiker für ihn in die Bresche, etwa der berühmte David Hilbert: »Aus dem Paradies, das Cantor uns geschaffen, soll uns niemand vertreiben können.«

Was meint Cantor? Theismus ist die lebendige Beziehung zu Gott, während jeder andere Ismus, den Cantor nennt, eine solche Beziehung nicht kennt. Gott ist vollkommen und unendlich, aber es gibt kleinere Unendlichkeiten, sagt Cantor, und mit denen hat es die Mengenlehre zu tun. »Das Absolute kann nur anerkannt, aber nie erkannt, auch nicht annähernd erkannt werden.« Er wollte mit seiner Lehre von den unendlichen Mengen eine Stufenleiter bauen, die zum Thron der absoluten Unendlichkeit Gottes aufsteigt. Dieser Weg führt immer weiter, er hat keine Grenze, so wie der Horizont kein Ende hat. Dennoch gelangt man auf dem wissenschaftlichen Weg nicht zur vollen unendlichen Wirklichkeit Gottes. Vielmehr öffnet Cantor das Tor für die Offenbarung, durch das Gott selbst eintreten kann. Da hatte Jakob einen

Traum: »Er sah eine Treppe, die auf der Erde stand und bis zum Himmel reichte. Auf ihr stiegen Engel Gottes auf und nieder.« (Gen 28,12).

Thomas Alva Edison *1847 †1931

Amerikanischer Techniker, sprichwörtlicher Erfinder

»Herrn Eiffel, dem Ingenieur und mutigen Erbauer des riesigen und eigenartigen Musterstückes moderner Ingenieurkunst, widmet diese Worte ein Mann, der den größten Respekt und die größte Bewunderung für alle Ingenieure hat, besonders für den größten unter ihnen: Gott.«

Dieses Wort trug Edison nach Besteigung des Eiffelturms in das Goldene Buch der Stadt Paris ein, wo er Mitglied der französischen Ehrenlegion geworden war. Er gehörte selbst zu den ganz großen Ingenieuren, deshalb fand er das, was er selbst war, überall wieder: Gleiches wird nur von Gleichem erkannt! Die Breite seiner Erfindungen ist nicht ganz so groß wie diejenige Gottes, der schließlich die Welt erfunden hat, aber in seiner Klasse dürfte er den ersten Platz einnehmen. Er erfand die elektrische Glühbirne, die Schallplatte, den Tonfilm und vieles mehr auf dem Gebiet, so auch elektrische Kraftwerke, denn alle seine Geräte brauchen Strom. Insgesamt brachte er es auf 1093 patentierte Erfindungen. Darunter waren natürlich Wiederholungen und Verbesserungen. Seine spätere Tätigkeit bestand sogar in erster Linie darin, frühere Erfindungen fortzuführen.

Eben darin macht er es Gott nach, der seine Schöpfung auch ständig verbessert, durch die Evolution in der Natur und durch den Menschen in der Kultur. Das Grunderlebnis des Erfinders ist dieses: Lange Zeit habe ich erfolglos probiert, endlich kann ich ausrufen: Heureka, ich hab's gefunden, es passt! Ebenso ruft Edison beim Anblick der Schöpfung aus: Gott, der große Ingenieur, hat es passend gemacht, nicht ganz perfekt, denn die Sünde war noch möglich, aber doch so gut, dass der Mensch sein Werk mit ihm verbessern kann. »... Gott sprach zu ihnen: Seid fruchtbar und vermehrt euch, bevölkert die Erde, unterwerft sie euch ...« (Gen 1,28).

Max Planck *1858 †1947

Physiker, Entdecker der Quanten, Nobelpreis 1928

»Die Naturwissenschaft braucht der Mensch zum Erkennen, die Religion braucht er zum Handeln.«

Max Planck ist eine der edelsten Gestalten der Physik. Er hat gegen anfänglichen Widerstand die theoretische Physik zu einem anerkannten, ja glänzenden Fach gemacht. Im Jahr 1900 gelang ihm seine größte Tat, er entdeckte das Gesetz der Lichtstrahlung: Strahlung wird nur in Form von kleinen Portionen abgegeben, in so genannten Quanten, nicht in einem stetigen Strom, und das auch noch in indeterminierter Weise. Damit ist das überall anerkannte Prinzip der Naturphilosophie nicht mehr ganz gültig: Die Natur macht keine Sprünge. Doch, die Natur macht Sprünge, die zwar meist sehr klein sind, doch in seltenen, aber wichtigen Fällen sichtbare Gestalt annehmen.

Plancks ungewollte Entdeckung hat eine leise, aber durchgreifende Revolution in der Physik ausgelöst, die auf Taubenfüßen einhergeschritten kam. Kaum einer hat sie bisher richtig bemerkt. Ich halte sie für die größte Revolution im 20. Jahrhundert überhaupt, für umwälzender als alle politischen und sozialen Umbrüche der Epoche. Diese Bewegung hat Planck angestoßen, obwohl sein Naturell eher bedächtig und bewahrend war.

Sein Ausspruch über das Verhältnis von Naturwissenschaft und Religion zeigt den Charakter Plancks. Persönlich war er tief von der Existenz Gottes überzeugt. Die Gottheit ist für ihn wesensgleich mit der naturgesetzlichen Macht, die dem religiösen Menschen mit anschaulichen Symbolen vor Augen tritt. Von der Einschränkung der wissenschaftlichen Objektivität durch die Quantentheorie wollte Planck allerdings nichts wissen. Das überstieg seine Vorstellung von der Natur. Denn erst durch die Anerkennung der Endlichkeit des Menschen wird Gott umfassend erkennbar, sonst ist er wie bei Planck nur in der Ethik, im Handeln präsent. Trotzdem ist Planck ein Zeuge für die Gegenwart eines lebendig erfahrenen Gottes. »Die Verständigen werden strahlen, wie der Himmel strahlt; und die Männer, die viele zum rechten Tun geführt haben, werden immer und ewig wie die Sterne leuchten.« (Dan 12,3).

Alfred North Whitehead *1861 +1947

Englischer Mathematiker, Religionsphilosoph

»Das Leben Christi ist keine Darlegung ausgeübter Macht. Seine Herrlichkeit existiert für diejenigen, die sie entdecken können, aber nicht für alle Welt. Seine Macht liegt in der Gewaltlosigkeit.«

Whitehead begann als Mathematiker und endete als Religionsphilosoph. Zunächst suchte er gemeinsam mit seinem Schüler Bertrand Russell nach einer absoluten Begründung von Mathematik und Logik. Die Ergebnisse der Untersuchung haben sie in dem dreibändigen Werk »Principia Mathematica« (1910–1913) veröffentlicht. Aber das Ziel wurde nicht erreicht. Whitehead schloss daraus, dass die Wirklichkeit umfassender ist, als die Logik sie erfassen kann. Er wurde religiös und dachte von da an nur noch über Gott nach. Bekannt ist sein Ausspruch: »The exactness is a fake« – Die Genauigkeit ist ein Schwindel. In der Logik zeigt sich das gleiche Ergebnis wie in der Physik: Nicht alle Wirklichkeit lässt sich mit dem Begriff erfassen, der Glaube an die Exaktheit der Wissenschaft ist eine Illusion, ein Schwindel sogar, wie Whitehead scharf betont.

Wer sich vom Wissenschaftsglauben befreit hat, dem gehen plötzlich die Augen auf. Zwar weiß die Wissenschaft viel, aber sie weiß das Entscheidende nicht. Wie sollte sie etwa das Wort Christi von der Gewaltlosigkeit verstehen! Macht liegt in der Gewaltlosigkeit? Die Wissenschaft bringt es bis zum Kampf ums Dasein, wo der Raffinierteste gewinnen soll: Survival of the fittest. Aber nicht weiter! Darwins Evolutionslehre gibt nur einen Ausschnitt aus der Wirklichkeit wieder, nicht alle Wirklichkeit. Whitehead hat das in seiner Abwendung vom blendenden Ideal der Genauigkeit erkannt. »Selig, die keine Gewalt anwenden; denn sie werden das Land erben.« (Mt 5,5).

Jakob von Uexküll *1864 †1944

Baltischer Zoologe, Begründer der Umwelttheorie

»Somit ist die Frage nach der Unsterblichkeit eindeutig entschieden. Wie die Melodie den Leierkasten überlebt, so überlebt der menschliche Geist das Großhirn.«

Von Uexküll gilt als Begründer einer Theorie der Umwelt, ein Wort, das heute in aller Munde ist, aber von ihm zuerst geprägt worden ist. Er hat sowohl die Psychologie als auch die Verhaltensforschung durch seine organische Ganzheitslehre geprägt. Der Geist hat bei ihm einen überragenden Stellenwert, deshalb war er zeitlebens ein Kämpfer gegen Materialismus und Atheismus. Diese beschränkte Sichtweise hat er als krankmachend abgelehnt. Wer die Wirklichkeit nicht sehen will, wie sie ist, wird neurotisch, und jede Beschränkung des geistigen Lebens auf die bloße Materie ist ein verweigerter Blick auf die Wirklichkeit.

Von Uexküll denkt dabei ähnlich wie der große englische Gehirnforscher Eccles, der auch vom geistigen Ich und seinem Gehirn gesprochen hat (S. 56). Sein Argument hat zu allen Zeiten sowohl Anhänger wie Gegner gefunden. Was kommt zuerst: Die Materie oder der Geist? Die erste Antwort führt in den Materialismus und Atheismus, die zweite zu Gott, weil Gott Geist ist. Aber die Antwort ist unzureichend. Im Christentum ist dieser Streit um den Vorrang beendet worden, was bisher nur wenige verstanden haben. In der Materie wie im Geist kann Gott erscheinen, denn Gott ist alle Wirklichkeit. Sonst könnte es nicht heißen: »Und das Wort ist Fleisch geworden und hat unter uns gewohnt, und wir haben seine Herrlichkeit gesehen, die Herrlichkeit des einzigen Sohnes vom Vater, voll Gnade und Wahrheit.« (Joh 1,14).

Robert Andrews Millikan *1868 †1953

Amerikanischer Physiker, Nobelpreis 1923

»Leute, die wenig von Wissenschaft verstehen, und Leute, die wenig von Religion verstehen, mögen sich einmal streiten, und die Zuschauer mögen denken, da streiten sich nun Wissenschaft und Glaube, während es sich nur um einen Zusammenstoß zwischen zwei Arten von Unwissenheit handelt.«

Ein schönes Wort, tiefsinnig, voller Fallstricke und am Ende doch richtig! Robert Millikan wurde bekannt durch Arbeiten zur Atomphysik. Er erhielt den Nobelpreis für seine berühmten Öltröpfchen-Experimente, mit denen er die elektrische Ladung eines Elektrons bestimmte. Weiter ermittelte er den Wert des Planckschen Wirkungsquantums. In späteren Jahren verfasste er Bücher über das Verhältnis von Naturwissenschaft und Religion.

Das bekannteste Buch heißt »Evolution in Science and Religion«.

Gibt es nun einen Streit zwischen Wissenschaft und Glaube? Die Tatsache an sich lässt sich kaum leugnen. Den Konflikt zwischen der Kirche und Galilei und den Kampf um Darwins Evolutionslehre hat es ja wirklich gegeben. Und immer noch berufen sich viele Leute auf die Naturwissenschaften, um nicht an Gott glauben zu müssen, während andere Leute die Evolutionslehre ablehnen, weil sie mit den ersten Seiten der Bibel nicht übereinstimmt. Nietzsche im 19. Jahrhundert etwa berief sich auf Darwin, um Gott durch den Übermenschen zu ersetzen. »Jene Naturprozesse der Züchtung des Menschen z. B., welche bis jetzt grenzenlos langsam und ungeschickt geübt wurden, könnten von den Menschen in die Hand genommen werden.«

Also den Streit gibt es, aber es muss ihn nach Millikan nicht geben. Eine alte jüdische Geschichte erzählt von zwei Rabbis: »Ja, der Streit zwischen Schammai und Hillel ist ein Streit um Gottes willen, aber der Streit der Jünger von Schammai mit den Jüngern von Hillel, das ist kein Streit um Gottes willen.« Ein ähnlicher Fall liegt hier vor. Die Welt ist für den Menschen die Versuchung, sich an die Stelle Gottes zu setzen. Mit diesem Versprechen verlockt die Schlange im Paradies auch Adam und Eva. Die schärfste Versuchung geht heute von Wissenschaft und Technik aus. Mit ihnen hat der Mensch das wirksamste Mittel an der Hand, seinen Radius im Erkennen und Handeln zu erweitern. Warum nicht bis ins Unendliche hinein? Millikan weiß vom Fortschritt der Wissenschaft, aber er weiß auch, dass der endliche Mensch nicht die Unendlichkeit Gottes erreichen kann. Wer das weiß, der kann den Frieden zwischen Naturwissenschaft und Glaube ausrufen, ihr Wettkampf findet dann nur noch um Gottes willen statt. »Die Schlange war schlauer als alle Tiere des Feldes, die Gott, der Herr, gemacht hatte.« (Gen 3,1).

Guglielmo Marconi *1874 †1937

Erfinder der drahtlosen Telegraphie, Nobelpreis 1909

»Je mehr ein Mensch die Geheimnisse des Universums seinem Willen beugt und erforscht, desto mehr wird ihm zum Entdecken übrig bleiben, denn er wird die Unendlichkeit des Unendlichen begreifen.«

Als er 20 Jahre alt war, im Jahr 1894, brachte Marconi eine elektrische Klingel in neun Metern Entfernung zum Läuten. Das schafften andere zwar auch, aber sie brauchten dazu einen Draht. Marconi kam ohne eine elektrische Leitung aus, er überbrückte die Entfernung drahtlos! Das war der Anfang der umstürzenden Technik der Radiowellen. Später überbrückte Marconi den Ärmelkanal, dann den Atlantik und später die ganze Erde, erst mit der Morsetaste, dann mit dem Radio, schließlich mit dem Fernsehen. Marconi war wie Thomas Edison (S. 27) ein begnadeter Erfinder, ein technisches Genie ersten Ranges. Dennoch hat er sich immer als gläubig bezeichnet, hat sich zur Kraft des Gebetes bekannt und sich einen gläubigen Katholiken genannt.

Sein Ausspruch über das Entdecken zeigt den produktiven Geist, der in Marconi lebte. Wer wirklich etwas entdeckt, nimmt die Entdeckung als ein Geschenk entgegen, er bleibt dem Geber der Gabe dankbar. Marconi nennt diesen Geber hier den Unendlichen. Der spätere Anwender, der die Erfindung bloß besitzt, aber nicht erfunden hat, kennt die Empfindung der Dankbarkeit nicht, er hat ja seinen Anteil daran gekauft. Der bloße Gebrauch von Wissenschaft und Technik macht atheistisch, der wirkliche Vollzug von Wissenschaft und Technik macht gläubig. »Es ist umsonst, dass ihr früh aufsteht und euch spät erst niedersetzt, um das Brot der Mühsal zu essen; denn der Herr gibt es den Seinen im Schlaf.« (Ps 127,2).

Ferdinand Sauerbruch *1875 †1951

Deutscher Chirurg, Begründer der Lungenchirurgie

»Der Kranke ist in Gottes und des Arztes Hand.«

Sauerbruch war der führende deutsche Chirurg in der ersten Hälfte des 20. Jahrhunderts. Er war ein geschickter und schneller, ja genialer Operateur, ein erfinderischer Pionier und ein Meister der Improvisation, zudem seinen Studenten ein geliebter und gefürchteter Professor. In den Jahren 1928 bis 1949 war Sauerbruch Ordinarius für Chirurgie in Berlin und Direktor an der Berliner Charité, damals die erste Adresse für einen deutschen Arzt.

In seinen Memoiren »Das war mein Leben«, aus dem das Wort oben stammt, schildert er mit Humor, Ironie und Herzlichkeit seinen Lebensweg.

Er zeigt sich im Umgang mit den Großen, Schönen und Reichen dieser Welt nicht gerade bescheiden, aber mit dem Großen über der Welt eben doch. Während er sonst die Verneigungen vor seinem stupenden Können als Selbstverständlichkeit betrachtete und Huldigungen sammelte, wie andere Briefmarken, kehrt sich die Haltung im Verhältnis zu Gott um. Sauerbruch weiß um seine Grenze, und seine Grenze zu erkennen und anzuerkennen, das heißt, Gott zu huldigen. Es ist wie immer bei den produktiven Menschen: Sie wissen viel, sie können noch mehr, sie haben einen Gesichtskreis bis zum Horizont. Sie sind Visionäre, aber keine Träumer, sie können Wunsch und Wirklichkeit unterscheiden. Sie wissen, dass selbst das massivste Wachstum nicht zum Unendlichen führt. Manche Bäume wachsen zwar sehr hoch, aber in den Himmel wächst keiner. Deshalb ist auch der reichste Kranke immer in Gottes Hand und mit ihm der genialste Arzt. »Ich werde dir keine der Krankheiten schicken, die ich den Ägyptern geschickt habe. Denn ich bin der Herr, dein Arzt.« (Ex 15,26).

James Jeans *1877 +1946

Englischer Astronom, Theoretiker der Planetenentstehung

»In einer nicht unbegrenzt fernen Zeit muss so etwas wie eine Schöpfung stattgefunden haben. Wenn das Weltall ein Gedankenweltall ist, dann muss seine Schöpfung ein Denkakt gewesen sein.«

Jeans hat mit seinem Lehrer Lord Rayleigh ein Strahlungsgesetz aufgestellt, das für langwellige Strahlung exakt ist. Er bereitete damit die Quantentheorie Plancks vor. Weitere Verdienste hat er sich beim Studium der Entstehung der Sterne und des Kosmos erworben.

Sein Wort vom Gedankenweltall und vom Denkakt ist der Traum eines jeden Naturphilosophen – oder der Albtraum. Jedenfalls ist es der Punkt, an dem Glaube und Unglaube im Kampf liegen: Gibt es einen planenden göttlichen Geist, der die Welt in einem Denkakt entworfen und erschaffen hat, um sie zu seinen Zielen zu lenken? Oder ist alles nur Zufall und Notwendigkeit, die je für sich genommen blind sind und keinen Sinn ergeben? Das ist absurd, meint James Jeans. Der Geist des Menschen ist zwar ein Produkt der Natur, aber er ist noch weit mehr ein Produkt dessen, der diese Natur in Händen hält. Jeans verwendet dafür ein Bild: So wie wir Menschen in eine zweidimensionale Welt hinein schauen können und sie vollkommen überblicken, so kann aus höheren Dimensionen ein göttlicher Geist in unsere vierdimensionale Raum-Zeit-Welt schauen und sie lenken. Von der göttlichen Lenkung sehen wir nur flüchtige Bilder, die sich wie Zufall und Notwendigkeit verhalten.

In der Tat ist es merkwürdig, dass Gott von einigen Leuten mit dem Zufall in der Natur, von anderen mit der Notwendigkeit in der Natur geleugnet wird. Wer dieses Paradox einmal wahrgenommen hat, sieht plötzlich den Zusammenhang. Die Freiheit, göttliche wie menschliche Freiheit, zerfällt in das

Paar Zufall und Notwendigkeit, wenn man sie im Spiegel des Kausaldenkens anschaut. Umgekehrt kann man schließen (S. 23), dass es das Paar Zufall und Notwendigkeit in der Natur geben muss, wenn Freiheit möglich sein soll. Allerdings ist dies nur eine notwendige Voraussetzung, keine ausreichende, da sich Freiheit und Verantwortung vollständig nur aus sich selbst begründen lassen. »Gott schuf also den Menschen als sein Abbild; als Abbild Gottes schuf er ihn. Als Mann und Frau schuf er sie.« (Gen 1,27).

Albert Einstein *1879 †1955

Berühmtester Physiker des 20. Jahrhunderts, Entdecker der Relativitätstheorie, Nobelpreis 1921

»Gott würfelt nicht. – Raffiniert ist der Herrgott, aber boshaft ist er nicht.«

Der berühmteste Ausspruch Einsteins lautet: »Gott würfelt nicht.« Vom Herrgott und vom Alten, dessen Linien er nachzeichnen wollte, ist auch die Rede bei ihm. Obwohl er so viel von Gott redet, ist Einstein ein komplizierter, ja ein tragischer Fall. Wir können ihn als Zeugen für eine kosmische Religion nehmen, für eine Art Naturfrömmigkeit, nicht aber als Bekenner eines personalen Gottes. Das heißt, gegen seinen Willen ist er auch ein Bekenner des personalen Gottes geworden. Aus diesem Grund handelt ein ganzer Abschnitt des Nachwortes von ihm (S. 80–86). »Aus dem Mund der Kinder und Säuglinge schaffst du dir Lob, deinen Gegnern zum Trotz; deine Feinde und Widersacher müssen verstummen.« (Ps 8,3).

Max von Laue *1879 +1960

Physiker, Entdecker der Röntgenstrahl-Interferenzen an Kristallgittern, Nobelpreis 1914

»Der Satz, dass das wissenschaftliche Wahrheitserlebnis in irgendeinem Sinn theoria, Gottesschau, ist, dürfte gerade den Besten unter ihnen aus dem Herzen gesprochen sein. Das Streben nach Erkenntnis ohne Rücksicht auf ihre Anwendbarkeit, ihren Nutzen, ist ein Wesenszug des Menschen durch die Jahrtausende, ein Signum seiner höheren Abkunft.«

Max von Laue war eher ein sprödes Gemüt oder, wie man so sagt, ein trockener Wissenschaftler. Aber in einigen Momenten brach doch etwas bei ihm durch. In der Physik hatte er seine große Entdeckung 1912, für die er schon zwei Jahre später den Nobelpreis erhielt. Er ließ die damals neuen Röntgenstrahlen auf Kristallgitter richten und bekam ein doppeltes Ergebnis: Die nach Wilhelm Röntgen benannten Strahlen sind wirklich Wellen wie gewöhnliches Licht, nur eben viel kurzwelliger, und die Materie ist aus Atomen aufgebaut, deren Feinbau die Röntgenstrahlen beweisen.

In der Bemerkung über die Gottesschau bricht ebenfalls etwas bei ihm durch. Ein Wissenschaftler möchte etwas sehen, auf Sichtbarkeit ist sein ganzes Forschen gerichtet, er baut dafür Fernrohre und Mikroskope. Auch die christliche Religion sagt, die letzte Erfüllung des Menschen bestehe im Sehen, in der Schau Gottes. Aber Vorsicht! Das Schauen in der Natur oder die Erforschung der Naturgesetze kann zur Erkenntnis Gottes oder zum Gegenteil führen. Von Laue nennt ein richtiges Kennzeichen: Die Schau Gottes blickt nicht auf den Nutzen, ja, sie ist für andere Zwecke überhaupt nicht einsetzbar. Denn Gott zu schauen ist der Endzweck des Menschenlebens. Alle theoretischen Erkenntnisse der Wissenschaften haben ihren Nutzen in der Technik gefunden. Wer kann daher garantieren, dass die Motive eines Wissenschaftlers nutzenfrei sind? »Gott sieht nämlich nicht auf das, worauf der Mensch sieht. Der Mensch sieht, was vor den Augen ist, der Herr aber sieht das Herz.« (1 Sam 16,7).

Pierre Teilhard de Chardin *1881 †1955

Französischer Paläontologe und Philosoph, Jesuit

»Ich glaube, das Universum ist eine Evolution. Ich glaube, die Evolution geht in Richtung des Geistes. Ich glaube, der Geist vollendet sich im Personalen. Ich glaube, das höchste Personale ist der Christus-Universalis.«

Der Gegensatz, ja die Feindschaft zwischen Naturforschung und Glaube war in der Neuzeit zu einem epochalen Problem geworden. Der Sturm, der durch die Seelen der Menschen ging, hat bei vielen eine Wüste hinterlassen. Teilhard de Chardin spürte das mit allen Fasern seines Daseins. Er versuchte deshalb, seine ganze Existenz in die Waagschale zu werfen und vor allem die Evolutionstheorie Darwins mit dem christlichen Glauben in Einklang zu bringen.

Sein Wort stammt aus dem Oktober 1934, als er in China weilte, wo er unter anderem an der Ausgrabung des Pekingmenschen teilnahm. Kein Biograph Teilhards vergisst zu erwähnen, dass seine Mutter die Großnichte des Spötters Voltaire war. Die beißende Kritik des Großonkels an der Kirche kehrte sich bei der Großnichte und ihrem Sohn Pierre in eine glühende Liebe zur Kirche um.

Den Schlüssel zum Denken Teilhards bildet die wissenschaftliche Evolutionstheorie. In seinem Hauptwerk »Le Phénomène humain« von 1955, zu Deutsch »Der Mensch im Kosmos«, entwickelte er eine umfassende evolutionäre, auf Christus ausgerichtete Weltsicht. Teilhard betrachtet die Evolution als einen Prozess, in welchem Materie und Energie des Universums beständig an Komplexität zunehmen. Mit dem Erscheinen des Menschen hat die Entwicklung eine neue Dimension erreicht. Aus der Biosphäre – das ist die Schicht von Lebewesen, welche die Erde bevölkern – geht die Noosphäre hervor, eine geistige Sphäre, die dem menschlichen Bewusstsein entspricht. Geist und Materie fließen schließlich in einem göttlichen Zentrum, dem Punkt Omega, zusammen, der mit dem wiederkommenden Christus in eins fällt. »Ich bin das Alpha und das Omega, der Erste und der Letzte, der Anfang und das Ende.« (Offb 22,13).

Max Born *1882 †1970

Mitbegründer der Quantenmechanik, Nobelpreis 1954

»Ich weiß wohl, dass große, von mir bewunderte Forscher wie Planck und Einstein an der deterministischen Idee festhielten und dass auch heute noch bedeutende Forscher das tun. Auch ich habe mich lange an diesem Roman ergötzt, bis ich einsah, dass er kein Bild der Wirklichkeit ist.«

Der Determinismus ist der natürliche Traum des Naturforschers. Wenn alle Dinge festgelegt sind, hat der Physiker den Überblick über die Natur, und mehr kann ein Mensch nicht wollen. Nur hat es dann nicht viel Sinn, von einem lebendigen Menschen zu reden, und von einem lebendigen Gott auch nicht. Wenn der Mensch den Überblick hätte, wäre es im gleichen Augenblick mit seiner Freiheit zu Ende, und mit der Freiheit Gottes auch. Aber die Physik in ihren besten Vertretern hat sich vom Determinismus, von diesem schön erfundenen Roman abgekehrt, wie hier Born bekennt. Eine im Übrigen seltene Bekehrung!

Wenn der Determinismus tot ist, dann lebt der lebendige Gott. Deshalb ruft Born an anderer Stelle aus: »Der Tanz der Atome, der Elektronen und der Atomkerne obliegt trotz seiner Wildheit Gottes ewigen Gesetzen.« Gesetze gibt es weiter in der Physik, aber sie behindern nicht mehr Freiheit und Verantwortung, sie ermöglichen diese. Das war die echte Revolution des 20. Jahrhunderts. »Die Stimme des Herrn wirbelt Eichen empor, sie reißt ganze Wälder kahl. In seinem Palast rufen alle: O herrlicher Gott!« (Ps 29,9).

Arthur Stanley Eddington *1882 †1944

Britischer Astronom, Bestätiger der Relativitätstheorie

»Das wahre Verständnis muss spontan kommen, nicht durch zergliedernde Prüfung. Und ebenso verhält es sich mit unserem mystischen Empfinden gegenüber der Natur, ja, ich wage zu sagen, mit unserer mystischen Erkenntnis Gottes.«

Eddington war Quäker und zugleich ein hervorragender Astronom und Physiker. Den unbedingten Glauben an das in der Seele wohnende göttliche Licht wusste er harmonisch mit seiner Wissenschaft zu verbinden. Er lieferte grundlegende Arbeiten über den Aufbau der Sterne und andere Beiträge zur Kosmologie und Astronomie. Eddington setzte sich früh für die zuerst umstrittene »Allgemeine Relativitätstheorie« von Albert Einstein ein – und behielt recht. Er erbrachte den Beweis für die Krümmung von Lichtstrahlen durch die Schwerkraft.

Was meint nun mystische Erkenntnis? Es ist bekannt, dass von einem Eisberg nur etwa ein Zehntel sichtbar ist, neun Zehntel seiner Masse aber unter Wasser liegen. Noch viel mehr Arbeit liegt bei einem produktiven Wissenschaftler unter Wasser: 99 Prozent Transpiration und ein Prozent Inspiration! Allerdings, auf diese winzige Spitze kommt es an, von ihr spricht Eddington, sie ist das Verständnis, das spontan aufblitzt, ohne sich vorher anzukündigen. Archimedes, als er sein Grundgesetz über den Auftrieb im Wasser gefunden hatte, sprang ohne Rücksicht auf seine fehlende Bekleidung aus dem Bad, lief auf die Straße und rief: »Héureka, héureka, ich hab's gefunden.«

Unsere Erkenntnis im Alltag ist mühsam und schweißtreibend. Findet aber ein begabter Forscher einen neuen Zusammenhang in der Wirklichkeit, so wirkt das wie eine Erkenntnis Gottes. Denn für einen Augenblick, spontan, wird eine Einheit zwischen dem Erkennenden und dem Erkannten hergestellt, die im Alltag gewöhnlich nicht bemerkt wird. Da aber Gott die Einheit aller Wirklichkeit ist, die auch Subjekt und Objekt umfasst, kann man diesen seltenen Moment die mystische Erkenntnis Gottes durch die Natur nennen. »Wo ist Gott, mein Schöpfer, der die Lieder gibt in der Nacht?« (Ijob 35,10).

Niels Bohr *1885 †1962

Überragender dänischer Physiker, Nobelpreisträger 1922

»Die moderne Entwicklung der Naturwissenschaften hat ... eine neue Grundlage für den Gebrauch von Worten wie Wissen und Glauben geschaffen.«

Einstein und Bohr waren die überragenden Physiker des 20. Jahrhunderts. Einstein dachte genial und einfach, aber Bohr war wohl der tiefere Denker. Den Streit um die Quantentheorie hat jedenfalls Bohr ganz für sich entschieden. In den Jahren zwischen 1913 und 1915 drang Bohr mit einer neuartigen Theorie tief in die Struktur der Atome ein. Er konnte das Strahlungsverhalten der Körper erklären. Seine Theorie setzt ein Atommodell voraus, nach dem das Atom aus einem dichten Kern besteht, der von einem Schwarm von leichten Elektronen umgeben ist. Bohrs Atommodell stützte sich auf die Quantentheorie und das Plancksche Wirkungsquantum. Das Modell war ein entscheidender Beitrag für die weitere Entwicklung der Atomphysik.

Was ist die neue Grundlage des Denkens? Wir gehen im Alltag ziemlich naiv davon aus, dass der Mensch ein Subjekt ist, der auf die Objekte seiner Umgebung zugreifen kann. Subjekt und Objekt halten wir also für sauber getrennt. Das Mittel, mit dem der Mensch seine Herrschaft über die für objektiv gehaltene Natur ausübt, ist das Kausalgesetz. Dieses aber wird durch die Bohrsche Quantentheorie eingeschränkt. Der Mensch kann auch in der Theorie nicht Herr und Meister über die Natur sein, geschweige denn in der Praxis.

Das Verhältnis von Glaube und Wissen hat nach Bohr eine neue Grundlage bekommen, weil nicht alle Wirklichkeit vom Kausalgesetz bewegt wird, weil also nicht alle Wirklichkeit nur Natur ist. Es gibt eine Wirklichkeit, die nicht in unsere Reichweite fällt, und die kann man auf neue Weise mit dem alten Namen Gott bezeichnen. Allerdings gibt es auch die Natur, die in unsere Reichweite fällt und auf die wir zugreifen können. »Da sagte er zu ihnen: Jeder Schriftgelehrte also, der ein Jünger des Himmelreichs geworden ist, gleicht einem Hausherrn, der aus seinem reichen Vorrat Neues und Altes hervorholt.« (Mt 13,52).

Erwin Schrödinger *1887 +1961

Mitschöpfer der Quantentheorie, Nobelpreis 1933

»... und zweitens die Tatsache, dass das einzelne Zahnrad nicht ein plumpes Menschenwerk ist, sondern das feinste Meisterstück, das jemals nach den Leitprinzipien von Gottes Quantenmechanik vollendet wurde.«

Erwin Schrödinger gehört zu den Vatergestalten der Quantentheorie und ist unsterblich geworden in der Physik, weil die zentrale Gleichung der Quantentheorie seinen Namen trägt: die Schrödinger-Gleichung. Sie gibt an, mit welcher Wahrscheinlichkeit bei einer Messung dieser oder jener Wert gefunden wird.

Wie Einstein war Schrödinger aber nicht zufrieden mit der statistischen Deutung der Quantentheorie. Er wollte die Einheit der Natur mit einem determinierenden Naturgesetz begreifen, das an dem Vorbild der klassischen Mechanik orientiert war. Zugleich wollte er religiös sein. Das zwang ihn zu einem geistigen Monismus, das heißt, er nahm an, es gebe überhaupt nur ein einziges Bewusstsein, das ist der Große Geist, der sich in jedem kleinen Geist des Menschen einen Ableger verschafft. Das ist zwar der halbe Weg zum lebendigen Gott, aber eben nur der halbe Weg. Bei Schrödinger gibt es eigentlich keine Freiheit für Gott und den Menschen. Obwohl er zu den Pionieren der Quantentheorie zählt, wollte er wie Planck und Einstein ihren geistigen Umbruch nicht mitmachen. Er hat die Trauerarbeit, wie man so sagt, nicht hinter sich gebracht. Was im Nachwort über Einstein gesagt ist, trifft in ähnlicher Weise auch auf ihn zu. »Die Zeit ist erfüllt, das Reich Gottes ist nahe. Kehrt um, und glaubt an das Evangelium!« (Mk 1,15).

Arthur H. Compton *1892 †1962

Amerikanischer Physiker, Nobelpreis 1927

»Ich glaube, dass das Christentum in seinem Beharren auf den eingeborenen Werten des einzelnen Menschen den Schlüssel zum Fortbestand und zum guten Leben der modernen Welt besitzt.«

Compton arbeitete zunächst über Röntgenstrahlen und Höhenstrahlung, 1923 entdeckte er den nach ihm benannten Compton-Effekt. Die Photonen oder Lichtteilchen werden beim Stoß mit Elektronen gestreut und verlieren dabei etwas von ihrer Energie. Das heißt, sie werden langwelliger. Dieser Effekt ist einer der wichtigsten Beweise, dass auch im atomaren Bereich das Energieerhaltungsgesetz von Robert von Mayer (S. 24) streng gültig ist.

Das Bekenntnis Comptons zum eingeborenen Wert eines jeden Menschen ist glänzender und tiefsinniger, als es auf den ersten Blick scheint. Zunächst sieht es so aus, als sei das Christentum die Religion des westlichen Individualismus und damit auch die Religion des westlichen Erfolgsdenkens in Wissenschaft und Wirtschaft. Aber es gibt bei diesem Wort hier mehr zu sehen.

Der weltweite Erfolg der westlichen Kultur ist kein Zufall, er ist entstanden aus einer Verbindung von griechischer Vernunft und biblischem

Glauben. Erfolg ruht auf Wahrheit, nicht auf Zufall, er setzt die Erkenntnis der Wirklichkeit voraus. Aber Erfolg kann auch missbraucht werden. Das Individuum ist der Kreuzungspunkt von Glaube und Wissen. In der Tiefe des Gewissens spricht Gott zum Einzelnen, und wenn der Mensch glaubt, dann zeigt Gott ihm die Schätze der Schöpfung, und der Mensch erhält Wissen.

Das Gebilde von Glaube und Wissen ist empfindlich und verliert schnell seine Balance. Die eine Gefahr kommt aus dem Osten und liegt im Kollektivismus, der früher als Kommunismus und jetzt als Islamismus die Quelle des produktiven Lebens verschüttet. Dort wird das Individuum nicht geschätzt. Die andere Gefahr kommt aus dem Westen selbst. Sie ist die Entartung der individuellen Freiheit im westlichen Libertinismus, der alle Werte über Bord wirft und der sein Ideal in lustgeprägter Empörung sieht. Freiheit als Freizeit! Beide Wege, auch wenn sie bisweilen Mehrheitswege sind, führen nicht zum Ziel. Der Schlüssel zum Fortbestand der westlichen Gesellschaften und zum echten Leben der modernen Welt liegt anderswo. »Ich habe dich bei deinem Namen gerufen, du bist mein.« (Jes 43,1).

René Dubos *1901 †1982

Amerikanischer Mikrobiologe, Entwickler von Antibiotika

»Der Mensch wird weiterhin nach Bedeutung suchen, indem er sich mit anderen Menschen vergleicht und mit der Gesamtheit des Universums, das er vielleicht mit Gott identifiziert.«

Für sein Buch »So Human an Animal«, das ein Programm für eine menschlichere Welt entwirft, hat unser Autor 1969 den Pulitzerpreis erhalten. Der Kern seines Programms ist eine erneute Suche nach dem, was die Worte Gott und Mensch bedeuten. Dubos hält das für die lohnendste Aufgabe in diesem Zeitalter der Entfremdung.

Ein kluges Wort! Dubos sieht nach vorn und nicht zurück. Wir können nach all den wissenschaftlichen Erfolgen der Neuzeit nicht einfach zurück zur Religion der Antike oder des Mittelalters. Die Wissenschaften haben den Horizont des Menschen im Erkennen und Handeln um ein Vielfaches erweitert. Die Lebenserwartung haben sie im Durchschnitt verdoppelt und verdreifacht. Atheismus ist die Überzeugung, der Mensch brauche keinen Gott, weil er sein Leben selbst in die Hand nehmen kann. Atheismus ist also nicht ganz unvernünftig bei solchen Erfolgen der Wissenschaft, und er wäre ganz vernünftig, wenn der Mensch nicht sterben müsste.

Aber bei weiterem Nachdenken wird der Atheismus zunehmend unvernünftig, weil der Mensch endlich bleibt, auch bei 100 Erfolgen in der Welteroberung. Die neue Wissenschaft am Ende der Neuzeit, die Quantentheorie, hat das gezeigt. Der Mensch bekommt seine Zukunft nicht in den Griff, auch nicht in den Blick, grundsätzlich nicht. Der Mensch kennt die Zukunft nicht im Voraus, weil sie in der Gegenwart nicht völlig enthalten ist. Deshalb benötigen die Worte Gott und Mensch nach dem Gang durch die Neuzeit einen neuen Sinn, der zugleich der alte erneuerte

Sinn ist: Die Natur ist diejenige Wirklichkeit, die ich begreifen kann, Gott diejenige Wirklichkeit, die unfassbar bleibt. »Ja, so spricht der Herr zum Haus Israel: Sucht mich, dann werdet ihr leben.« (Am 5,4).

Werner Heisenberg *1901 †1976

Quantenphysiker, Entdecker der Unbestimmtheitsrelation, Nobelpreis 1932

»Diese unmittelbare Verbindung mit der Wahrheit oder, wie man im christlichen Sinne sagen kann, mit Gott ist die neue Wirklichkeit, die nun anfängt, stärker zu werden als die Wirklichkeit der Welt, die wir mit unseren Sinnen wahrnehmen.«

Der jugendliche Heisenberg hatte verkündet: »Ich glaub', ich habe das Kausalgesetz widerlegt.« (S. 63) Er hatte 1927 die Unbestimmtheitsrelation gefunden, und die legt nahe zu vermuten, dass das Kausalgesetz in der Natur nicht vollständig gilt. Für seine Entdeckung hat er gleich im Alter von 30 Jahren den Nobelpreis bekommen, vorgeschlagen gerade von Einstein, der die Unbestimmtheit in der Natur gar nicht liebte. Später hat Heisenberg vorsichtiger geredet. Aber er blieb bei der Überzeugung, dass die Quantentheorie eine neue Sicht auf die Wirklichkeit eröffnet hat. Während Atheisten und Materialisten davon überzeugt sind, dass die Wirklichkeit nur sinnlich erfasst werden kann, erkennt Heisenberg den Kurzschluss. Die Quantentheorie zeigt, dass die sinnenhafte Welt nur einen Teil der Wirklichkeit ausmacht. Die unmittelbare Verbindung mit der Wahrheit oder mit Gott ist die Folge dieser tieferen Sichtweise.

Aber täuschen wir uns nicht! Die Vorhersage Heisenbergs ist 50 und mehr Jahre alt, und seitdem ist der Glaube an Gott in Europa stetig rückläufig gewesen. Die Revolution, die Heisenberg ankündigt, ist in den Köpfen noch nicht geschehen. Aber Meinung ist auch nicht Wahrheit, es gibt kollektive Verblendungen. Von denen haben wir viele Beispiele im 20. Jahrhundert erlebt. Der Gang der Geschichte wird nur vorläufig durch Meinungen entschieden, endgültig aber durch die Wahrheit. Heisenbergs Ankündigung ist weiterhin aktuell und wartet auf ihre Verwirklichung in den Köpfen. »Durch Weisheit wird ein Haus gebaut, durch Umsicht gewinnt es Bestand.« (Spr 24,3).

Pascual Jordan *1902 +1980

Deutscher Physiker, Grundlegung der Quantentheorie

»Nicht ohne Grund heißt dieses Buch: Der Naturwissenschaftler vor der religiösen Frage. Es war seine Absicht, darzulegen, dass alle Hindernisse, alle Mauern, welche die ältere Naturwissenschaft auf dem Wege zur Religion aufgerichtet hatte, heute nicht mehr da sind.«

In seinem Buch vom Naturwissenschaftler vor der religiösen Frage erwägt Jordan einen wichtigen Gedanken, der im Verhältnis von Glaube und Wissenschaft bisweilen übersehen wird. Manche meinen, die Quantenphysiker Bohr, Heisenberg,

Born und andere hätten aus ihrer physikalischen Theorie die Willensfreiheit des Menschen gefolgert. Aus Verkennung der Tatsachen, weil er nicht genau hingehört hat, wirft etwa der Philosoph Gadamer den Physikern vor: »Ich erinnere mich noch, als die Physiker der Kopenhagener Schule die Quantentheorie schufen. Da wurde diese von vielen angesehenen Wissenschaftlern als Lösung des Freiheitsproblems vorgeführt. Uns kommt das fast lächerlich vor.«

Das haben sie nicht getan, die Physiker haben nicht die Quantentheorie als Beweis der Freiheit ausgegeben. Vielmehr haben Leute wie Ernst Haeckel um 1900 und Wolf Singer um 2000 behauptet, die Wissenschaft hätte bewiesen, der Mensch sei ein unfreies Wesen, das allein von den mechanischen Kräften, den Genen und Gehirnströmen gelenkt werde.

Das hatte auch die ältere Physik gemeint. Aber seit der Quantentheorie sollte klar sein, dass es einen solchen Beweis der Naturabhängigkeit nicht gibt. Im atomaren Bereich gilt das Kausalgesetz nur in eingeschränkter Weise. Also kann man auch nicht sagen, die Wissenschaft hätte bewiesen, der Mensch sei ein unfreies, einzig von der Natur bestimmtes Wesen. Man hätte es nie sagen dürfen! Die Freiheit des Menschen oder das Sein Gottes lässt sich nicht beweisen, aber es ist bewiesen, dass es durch die Naturwissenschaften nicht bestritten werden kann. Auf diesen wichtigen Punkt macht Pascual Jordan aufmerksam. Die Quantentheorie öffnet den Weg, gehen muss der Mensch diesen Weg selber. »Eine Stimme ruft: Bahnt für den Herrn einen Weg durch die Wüste! Baut in der Steppe eine ebene Straße für unseren Gott!« (Jes 40,3).

Eugene Paul Wigner *1902 +1995

Amerikanischer Physiker, Nobelpreis 1963

»Das Wunder, warum die Sprache der Mathematik so gut geeignet ist, die Gesetze der Physik auszudrücken, ist ein wunderbares Geschenk, das wir weder verstehen noch worauf wir Anspruch haben.«

Wigner stammte wie der fast gleichaltrige John von Neumann (S. 54) aus Ungarn. Er hat vor allem über Kernkräfte und Elementarteilchen gearbeitet. Bekannt geworden ist er mit einem Gedankenexperiment, das den Titel »Wigners Freund« trägt. Es zeigt, wie das menschliche Bewusstsein in die neuere Physik einbezogen wird. Wigners Experiment macht deutlich, dass die Beziehung zwischen menschlichem Bewusstsein und der außermenschlichen Natur von anderer Art sein muss, als die klassische Physik gemeint hatte.

Die alte Physik wollte keine Wunder zulassen, weil sie dachte, den Überblick über alle Wirklichkeit zu haben oder doch bald zu bekommen. Wenn aber nicht alle Wirklichkeit nur Natur ist, dann gibt es echte neue Ereignisse in der Natur, also Wunder. Die neue Physik weiß mehr als die alte, aber sie weiß auch weniger. Sie weiß nämlich nichts mehr von einem Überblick über das, was die Natur in Zukunft bringen wird. Warum die Sprache der Mathematik die Gesetze der Physik so gut ausdrücken kann, ist ein Ereignis, das die Wissenschaft nicht erklären, sondern nur benutzen kann. Deshalb ist die Beziehung zwischen Mathematik und Physik, wie Wigner sagt, ein wunderbares Geschenk, auf das wir keinen Anspruch haben. Das Geschenk verweist auf eine Wirklichkeit, die Mensch und Natur zugleich umfasst. Diese Wirklichkeit ist weder Geist noch Materie, sondern umfasst beide. Der übliche Name für diese Wirklichkeit ist Gott. »Denn in ihm wurde alles erschaffen im Himmel und auf Erden, das Sichtbare und das Unsichtbare, Throne und Herrschaften, Mächte und Gewalten; alles ist durch ihn und auf ihn hin geschaffen.« (Kol 1,16).

John von Neumann *1903 †1957

Genialer Mathematiker, Archimedes des 20. Jahrhunderts

»Schaff mir einen Priester her, ich will katholisch werden, aber er muss mir intellektuell gewachsen sein.«

John von Neumann war von Hause aus Ungar, er lehrte zuerst in Deutschland und ging 1933 in die USA. Viel von seiner Konversion ist nicht bekannt geworden, die er in die Wege leitete, als ihn 1956 eine schwere Krankheit befiel. Seine Freunde waren wie vor den Kopf geschlagen. Sie nahmen an, dass er mit der Bekehrung seine Angst vor dem Tod bekämpfen wollte. Bis dahin hatte man das schnelle Genie nur als Mathematiker aus säkularisiertem jüdischen Hause gekannt, der gern auch einmal ein lockeres Leben führte. Jetzt plötzlich verlangte er nach der katholischen Taufe. Das heißt, zuerst verlangte er nach einem Priester, der ihm gewachsen war. Der Benediktiner Anselm Strittmatter bestand die Prüfung vor dem mathematischen Überflieger, der die Beweise schneller fand, als andere sie lesen konnten. Der Pater hat ihn im letzten Jahr seines Lebens regelmäßig besucht und schließlich getauft.

Was ist von einer solchen Hinwendung zu Gott zu halten? Man möchte meinen, eine Bekehrung auf dem Totenbett ist nicht viel wert, nur eine Bekehrung in der Vollkraft der Jahre, das hätte Durchschlagskraft. Im Schützengraben gibt es keine Atheisten, wissen die erfahrenen Priester. Dennoch: Bekehrungen gibt es nur in der Krise, dort, wo das endliche Leben an seine Grenze stößt. Und wer in der Vollkraft seiner Jahre steht, kann durchaus im Voraus den Tod, das heißt die Grenze des Lebens, entdeckt haben. Die meiste Zeit hat von Neumann diese Grenze wohl nicht gespürt, nur eben als er 1956 aufs Sterbelager geworfen wurde, da nahm er sie plötzlich wahr. Besser allerdings ist es, mit 20 oder 30 Jahren seinen Tod im Geist vorweg zu nehmen, dann hat man den Frieden mit Gott schon Jahrzehnte früher. Auch das zeigt das Beispiel von Neumanns: Viel hat ihm die Taufe für dieses Leben nicht gebracht, denn sie hat seine Todesfurcht kaum gedämpft, wie Pater Strittmatter später erzählte. Die widerspenstige Natur bekehrt sich nur schwer zu Gott, auch wenn der Geist des Menschen die Erkenntnis gewonnen hat. »Der Geist ist willig, aber das Fleisch ist schwach.« (Mk 14,38).

Sir John C. Eccles *1903 †1997

Englischer Gehirnforscher, Medizinnobelpreis 1963

»Ich bete, dass der Mensch einen verwandelnden Glauben an die Bedeutung und den Sinn dieses wundervollen, ja unglaublichen Abenteuers entwickelt, das jedem von uns auf dieser unserer lieblichen und zuträglichen Welt begegnet, der Welt, die selbst nur ein bloßes Korn im unendlichen Kosmos der Galaxien ist.«

John C. Eccles war einer der bedeutendsten Gehirnforscher im 20. Jahrhundert. Er wollte die Wissenschaft in den Dienst der Humanität stellen, damit der Mensch wirklich Mensch sein kann, damit er sich als geistiges Wesen im Kosmos der Milchstraßen verstehen und seinen göttlichen Ursprung erkennen kann. Eccles ging so weit, die Quantensprünge im Gehirn mit der Freiheit des Menschen in Verbindung zu bringen. Deshalb gebraucht er solche Formeln wie »Das Ich und sein Gehirn« (S. 31).

Worum betet Eccles? Er möchte, dass der Mensch auf neue Weise beten lernt. Der Mensch vor der Neuzeit hat mit seinem Beten vor allem die Schrecken der Natur bezwingen wollen. Der Mensch in der Neuzeit meinte, er brauche nicht zu beten, denn er könne ja Herr und Meister über die Natur werden. Jetzt aber, nach der Neuzeit, da wir wissen, dass nicht alle Wirklichkeit nur Natur ist, können wir Gott aus freien Stücken anbeten, wir können ihm danken für das Wunder der Existenz. Die Religion vor der Neuzeit war im Wesentlichen Furchtreligion, die Religion nach der Neuzeit wird eine Religion der Erkenntnis und der Liebe sein.

Von der Natur aus gesehen sind wir bloß ein verschwindendes Staubkorn in einem riesigen Weltall. Da kann der Mensch weder sich selbst, noch seinen Mitmenschen, noch Gott als Person ansehen. Da die Wissenschaft die Einzigartigkeit des menschlichen Ich nicht erfassen kann, gibt es für Eccles nur eine Erklärung: Ein persönlicher Gott hat mich in meiner Einmaligkeit gewollt und geschaffen. Erst mit dieser Erkenntnis erkennt sich der Mensch als geistiges Wesen wirklich an. Die kämpferische Haltung von Eccles für die höhere Abkunft des Menschen kommt im biblischen Motto seiner Todesanzeige zum Ausdruck: »Ich habe den guten Kampf gekämpft, den Lauf vollendet, die Treue gehalten.« (2 Tim 4,7).

Viktor Emil Frankl *1905 +1997

Österreichischer Psychologe, Begründer der Logotherapie

»So ist denn etwa der Vater keineswegs der Schöpfer und im eigentlichen Sinn nicht der Zeuger seines Kindes, als vielmehr bloßer Zeuge des Wunders, das mit dem Eintritt eines neuen Menschen, einer neuen Person, ins Dasein immer wieder geschieht. Geschaffen wird diese neue Person von Gott.«

Aus Wien ist zunächst Freud und seine Psychologie gekommen. Sie hat den Menschen vor allem als Triebwesen angesehen und viel Atheismus erzeugt. Aus Wien aber ist auch das Gegenmittel in der Gestalt von Viktor Frankl gekommen. Er hatte ein schweres Schicksal zu erleiden, drei Jahre lang war er in den Konzentrationslagern Auschwitz und Dachau in Haft. Er hat sie überlebt. Während dieser Zeit beobachtete Frankl sorgfältig seine Kameraden, die Wachleute und sich selbst. Seine Erkenntnisse gipfelten in einer Bejahung des Lebens, die an diesen Orten der Verneinung aus jedem Rahmen fällt. Mitten im Schrecken erschaut er die Herrlichkeit Gottes: »Das erste Mal in meinem Leben bin ich imstande zu begreifen, was gemeint ist, wenn gesagt wird: die Engel sind selig im endlos liebenden Schauen einer unendlichen Herrlichkeit ...«

Mit dieser Erfahrung hat er später seine Existenzanalyse und Logotherapie entwickelt. Im Unterschied zu Sigmund Freud sieht Frankl nicht in Sexualität und Macht die wesentlichen Antriebe des Menschen. Er entdeckt vielmehr in der Seele, im inneren Erleben das Verlangen nach einem Ziel, nach Hingabe und Sinn. Wo es keinen Glauben an den Sinn gibt, verliert das Leben seinen Halt. Die Folgen sind geistiger und körperlicher Verfall. Sinn aber ist eine Gabe, Sinn ist nicht machbar.

Ebenso ist ein neuer Mensch nicht machbar, er wird gezeugt. Das sieht Frankl ganz deutlich: Geschaffen wird ein neuer Mensch von Gott. »Hütet euch davor, einen von diesen Kleinen zu verachten! Denn ich sage euch: Ihre Engel im Himmel sehen stets das Angesicht meines himmlischen Vaters.« (Mt 18,10).

Edward Teller *1908 +2003

Amerikanischer Physiker, Vater der Wasserstoffbombe

»Die Quantenmechanik setzt unserer Allwissenheit unüberwindliche Grenzen. Sie wirft die Frage auf, ob Allwissenheit überhaupt denkbar ist oder ob sie nicht sogar einen logischen Widerspruch darstellt.«

Gott ist so allwissend, wie er allmächtig ist, lehrt die Heilige Schrift: »Schon ehe es geschieht, ist ihm alles bekannt, ebenso, wenn es vollbracht ist.« (Sir 23,20). Grund genug also für den Menschen der Neuzeit, selbst den Platz der Allwissenheit einzunehmen. »Als Wissende werdet ihr mächtig sein, so lehrten Bacon und Descartes, und das hat sich erfüllt.« Im Faust, im ersten Teil dieser Komödie, lässt Goethe halb im Ernst, halb im Spaß seinen Famulus Wagner auftreten und rufen: Zwar weiß ich viel, doch möcht' ich alles wissen. Faust selber, sein Herr, hatte schon vorher mutig-verzweifelt die Fäuste gegen den Himmel gereckt, damit er erkenne, was die Welt im Innersten zusammenhält.

Mit der Quantenmechanik ist das zu Ende; Teller sieht das deutlich und hat seine verstohlene Freude daran. Jetzt wird deutlich, was das heißen soll: Gott ist allwissend. Die Neuzeit hatte sich in Konkurrenz zu Gott aufgestellt und wollte ihn beerben. Deshalb wünschte sie, dass Gott tot sei. Aber der Plan war nicht gut ausgedacht: In der Welt ist die Allwissenheit ein Widerspruch, weil sie mit der Freiheit des Menschen nicht zu vereinbaren ist. Bei Gott mag das anders sein. Seine Wirklichkeit ist von der Art, dass sie logisch widersprüchliche Eigenschaften in sich aufnehmen kann: »Gutes und Böses, Leben und Tod, Armut und Reichtum kommen vom Herrn.« (Sir 11,14). Für die Allwissenheit und Allmacht Gottes besaß die Neuzeit kein Organ, da sie selbst Anspruch darauf erhoben hatte.

Tatsache aber ist: Ich als Mensch kann nicht alles wissen, was zu wissen mir nützlich wäre, da die Zukunft nicht in der Gegenwart enthalten ist. Aber ich brauche es auch nicht zu wissen! Die Allwissenheit, die ich Gott zuspreche, ist ein Akt des Vertrauens angesichts einer realistischen Einschätzung meiner Lage. »Bei euch aber sind sogar die Haare auf dem Kopf alle gezählt. Fürchtet euch nicht!« (Lk 12,7).

Carl Friedrich von Weizsäcker * 1912 + 2007

Quantenphysiker, Religionsphilosoph, Friedensforscher

»Das Streben nach absoluter Gewissheit war der Versuch, den Glauben überflüssig zu machen. Dies hat sich als unmöglich erwiesen. Indem wir leben, glauben wir.«

Vielleicht die tiefsten Gedanken über das Verhältnis von Glaube und Naturwissenschaft hat Carl Friedrich von Weizsäcker im 20. Jahrhundert gehabt. Seine Startbedingungen waren auch optimal. Von Hause aus Quanten- und Kernphysiker, in bester Gesellschaft mit Bohr und Heisenberg, war er zugleich ein gläubiger Christ, ein Mystiker, einer, der etwas von Gott erfahren hatte. Ebenso bedeutsam war seine Fähigkeit zu Denken. Er konnte einen Gedanken auch von der anderen Seite betrachten, das heißt, er konnte immer auch die Gegenseite verteidigen. So blieb sein Denken frisch. Er hat sich selbst immer wieder die Frage des Sokrates gestellt: Weiß ich wirklich, was ich zu wissen meine?

Der Ausspruch über die absolute Gewissheit ist tiefsinnig. Die meisten Wissenschaftler meinen wohl von sich selbst, sie würden ihre Ergebnisse für Hypothesen halten. Im Zweifelsfall, so denken sie, wobei sie sich für aufrichtig halten, würden sie ihre Thesen ändern. Karl Popper ist hier der Sprecher solcher Selbsteinschätzung. Von Weizsäcker hält dieses Urteil für eine gutmütige Illusion. Hinter der Hypothese steckt trotzdem ein Anspruch auf volle Gewissheit. Alle Wirklichkeit ist Natur, glauben viele Wissenschaftsgläubige heute immer noch. Ebendiese Haltung hat sich als unmöglich erwiesen. Die Quantentheorie lehrt, dass die Zukunft nicht in der Gegenwart enthalten ist. Also kann nicht alle Wirklichkeit mit Naturgesetzen begriffen werden. Daher liegt die Annahme nahe, dass es sich umgekehrt verhält: Gott ist diejenige Wirklichkeit, die mich ergreift. Die Wirklichkeit so anzunehmen, wie sie ist, heißt glauben. »Glaubt ihr nicht, so bleibt ihr nicht.« (Jes 7,9).

Ilya Prigogine *1917 †2003

Belgischer Physikochemiker, Nobelpreis 1977

»In einem gewissen Sinne hatte die von der klassischen Mechanik beschriebene Welt die Macht des Schöpfergottes geerbt. Die physikalischen Wechselwirkungen bestimmten ihre Entwicklung mit einer wirklich unendlichen Genauigkeit.«

Die Neuzeit wollte Gott beerben mit Hilfe von Wissenschaft und Technik. Jedenfalls gehörte dieser Plan zum harten Kern der Neuzeit (S. 7). Der Traum ist zerbrochen, wie es der russisch-belgische Naturforscher Prigogine schon gar nicht mehr betont, sondern nur noch beschreibt. Der Plan und das Scheitern des Plans liegen auf der Hand. Was ihn daran interessiert, ist die Art und Weise, wie der Erbfall vor sich gehen sollte. Ganz unbekümmert kommt dieser Wunsch noch bei Friedrich Nietzsche zum Ausdruck: »Aber dass ich euch ganz mein Herz offenbare, ihr Freunde: wenn es Götter gäbe, wie hielte ich's aus, kein Gott zu sein! Also gibt es keine Götter.« Nietzsche hatte es nicht für nötig gehalten nachzufragen, wie das Gottwerden zustande kommen soll, so sehr war er von Wissenschaft und Technik angetan. Wohlgemerkt, das war die Meinung der klassischen Physik und Mechanik! Sie träumte den Traum im ganzen 19. Jahrhundert bis in das 20. Jahrhundert hinein. Dem Rausch konnten sich nur wenige entziehen, und kaum einer vermochte es, den Traum zu durchschauen, so sehr schmeichelte er dem Grundtrieb des Menschen nach Macht. Wie sollte er ein solches Erbe ausschlagen!

Allerdings, um das Erbe verfügbar zu machen, mussten die Formeln der Wissenschaft mit unendlicher Genauigkeit gültig sein. Eine kleine Abweichung zu Anfang gibt einen großen Unterschied am Ende, und der Überblick ist verloren. Genau das sagt die Unbestimmtheitsrelation Heisenbergs (S. 50) aus, auf die Prigogine hier anspielt. Sie ist die unbeliebteste und die am besten bewiesene Erkenntnis der Physik. »Da stieg der Herr herab, um sich Stadt und Turm anzusehen, welche die Menschenkinder gebaut hatten.« (Gen 11,5).

Ian Barbour *1923

Amerikanischer Physiker, Theologe, Templetonpreis 1999

»Die Naturgesetze und der Zufall können zusammen durchaus Werkzeuge in der Vorsehung Gottes sein. Absicht kann es auch ohne einen vorweg festgelegten Plan geben.«

Barbour war an der Universität von Chicago zunächst Assistent des Nobelpreisträgers Enrico Fermi, der 1942 die erste kontrollierte atomare Kettenreaktion in einem Kernreaktor ausgelöst hatte. Im Jahre 1949 wurde Barbour Doktor der Physik. Er blieb dabei nicht stehen, sondern wandte sich der Theologie zu und lehrte später gleichzeitig Physik und Religion. Er hielt 1990 in Schottland die angesehenen Gifford Lectures über natürliche Theologie und wurde 1999 mit dem Templetonpreis für seinen Einsatz um den Dialog zwischen Naturwissenschaft und Religion ausgezeichnet.

Naturgesetz und Zufall wirken zusammen! Mit diesem Wort ist Barbour auf der richtigen Spur, so kann er das Wirken Gottes in der Welt wahrnehmen. Die Naturgesetze allein und der Zufall allein erklären die Welt nicht. Immer wieder wird entweder der eine oder andere Begriff als Gesamterklärung für die Welt angeboten. Wie die Quantentheorie zeigt, gibt es ein tiefes Zusammenwirken von Zufall und Notwendigkeit. Dieses Paar ist gleichsam der Schatten göttlichen Handelns in der Natur, die Voraussetzung dafür, dass Gott in der Welt gegenwärtig ist. »Die Welt wird nicht von Gesetzen regiert, aber auch nicht vom bloßen Zufall.« Es kommt etwas hinzu, nämlich der Zusammenhang von beiden. Diese Klammer bestimmt das Leben der Welt, ist aber mit wissenschaftlichen Begriffen nicht greifbar, denn die Wissenschaft kann nur nach Gesetzen suchen, nicht aber nach der Klammer von Gesetz und Zufall.

Gott hat nicht nur die Lenkung der Welt im Sinn, sondern auch die Freiheit seiner Geschöpfe, denen er Anteil an seiner eigenen Freiheit gegeben hat. Freiheit zur schöpferischen Verantwortung! Deshalb kann Barbour von einer Absicht Gottes ohne vorweg festgelegten Plan sprechen. »So hoch der Himmel über der Erde ist, so hoch erhaben sind meine Wege über eure Wege und meine Gedanken über eure Gedanken.« (Jes 55,9).

Hans-Peter Dürr *1929

Deutscher Quantenphysiker, Alternativer Nobelpreis 1987

»Physik und Transzendenz stehen in der Vorstellung der heutigen Physiker nicht mehr in einem antagonistischen, sondern eher in einem komplementären Sinn einander gegenüber.«

Hans-Peter Dürr ist Schüler von Werner Heisenberg und war lange Zeit sein Nachfolger in München. Er arbeitete über Kernphysik und Gravitation, daneben veröffentlichte er aber auch Schriften über die philosophische und religiöse Bedeutung der neueren Physik.

Die Situation der Physiker, die Dürr beschreibt, ist der Soll-Zustand, in den Köpfen der Physiker ist dies aber noch nicht ganz der Ist-Zustand. Früher allerdings, für Jahrhunderte, standen sich Naturforschung und Transzendenz antagonistisch, also feindlich, gegenüber. Die klassische Physik war die wesentliche Quelle des Atheismus. Das hat sich geändert, allerdings hängen eine ganze Reihe von Naturforschern dem alten Ideal nach. Noch zahlreicher sind diejenigen Leute, die sich auf das Ideal der klassischen Physik berufen und von den Grundlagen der Wissenschaft nichts verstehen. »So gebt dem Kaiser, was dem Kaiser gehört, und Gott, was Gott gehört! Und sie waren sehr erstaunt über ihn.« (Mk 12,17).

Paul Davies *1946

Britischer Physiker, Templetonpreis 1995

»Das wesentliche Merkmal der Quantenphysik ist, dass Ursache und Wirkung nicht so fest miteinander verbunden sind wie in der klassischen Physik. Es herrscht Unbestimmtheit, was bedeutet, dass einige Ereignisse einfach geschehen, spontan sozusagen, ohne vorherige Ursache im üblichen Wortsinn.«

Der amerikanische Milliardär John M. Templeton hat vor einigen Jahren die John Templeton Foundation gegründet. Diese Stiftung, eine in Europa undenkbare Erscheinung, schüttet jährlich 15 Millionen Dollar aus, um den Glauben an den persönlichen Gott zu fördern. Der einzelne Preis kann bis zu einer Million Dollar pro Person betragen und geht an Forscher, die Gott bei ihrer Tätigkeit in den Mittelpunkt stellen, oder an Menschen, die Gottes Liebe mit besonderem Charisma verkünden. Der Erfolg in den USA soll beträchtlich sein.

Das Wort von Paul Davies sieht auf den ersten Blick gar nicht wie ein Bekenntnis zu Gott aus, wie auch Davies zunächst nicht so aussah, als wollte er sich zu Gott bekennen. Die Wirklichkeit aber hat sich ihm anders gezeigt, als er es erwartet hat. Die Tatsachen haben ihn bekehrt, er hat die Trauerarbeit über den Verlust der klassischen Physik hinter sich gebracht wie bisher nur wenige Wissenschaftler. Für die Wahrheitssuche am interessantesten sind immer die Ansichten eines Menschen, die aus seinen Interessen nicht erklärbar sind. Davies spricht hier ganz gegen Wunsch und Willen.

Er fühlte zunächst wie Einstein, er wollte ein religiöses Grundprinzip, aber er möchte keinen personalen, frei handelnden Gott. Aber dann musste er schließlich feststellen: »Aus Einsteins Gedankenexperiment sind jedenfalls inzwischen eine Reihe wirklicher Experimente geworden, deren Ergebnisse bestätigt haben, dass Bohr eindeutig recht hatte und Einstein bedauerlicherweise unrecht.« Die Bekehrung steckt im »bedauerlicherweise«. Wenn Einstein unrecht hat und die Ereignisse einfach so geschehen, spontan sozusagen, dann spricht alles dafür, dass der Mensch frei ist und Gott auch. Diese spontanen Handlungen können bleibende Tatsachen in der Welt schaffen. Freiheit aber ist ein Merkmal der Person. »Da wandte er sich an den zweiten Sohn und sagte zu ihm dasselbe. Dieser antwortete: Ich will nicht. Später aber reute es ihn, und er ging doch.« (Mt 21,30).

Anton Zeilinger *1945

Österreichischer Quantenphysiker

»Im Anfang war das Wort.«

Der Physiker Zeilinger arbeitet in einem Institut, das in Wien direkt gegenüber dem Priesterseminar in der Boltzmanngasse liegt. Man kann das für einen Wink der göttlichen Vorsehung halten. Während in den Priesterseminarien Europas die Gotteserkenntnis schwindet, wächst sie in den physikalischen Instituten heran, jedenfalls in denen, welche die Wirklichkeit der Natur so anschauen, wie sie ist. Das Zitat aus dem Anfang des Johannesevangeliums zeigt dies; es findet sich in einem Buch, das von der besten Physik berichtet, die heute betrieben wird.

Zeilinger macht eindeutig nach-einsteinsche Physik, wie schon der Titel seines Buches besagt: »Einsteins Schleier«. Der Schleier ist zerrissen und hat den Blick auf eine Wirklichkeit freigegeben, die dem lebendigen Handeln Gottes in der Welt kein Hindernis mehr entgegen setzt. Seine Experimente zeigen, dass sich die Wirklichkeit nicht in einzelne

Atome zerlegen lässt, aus denen sie dann aufgebaut wäre. So hatte sich der Materialismus die Welt vorgestellt. Eher muss man im Gegenteil sagen: »Wirklichkeit und Information sind dasselbe.« Das passt dazu, dass nach der biblischen Offenbarung Gott die Welt im Anfang durch sein Wort geschaffen hat. »... er ist der Abglanz seiner Herrlichkeit und das Abbild seines Wesens; er trägt das All durch sein machtvolles Wort ...« (Hebr 1,3).

Kenneth R. Miller *1948

Amerikanischer Biologe, Zellforscher

»Leider vermögen nur wenige Theologen das Ausmaß zu erfassen, wie sehr die Physik die Religion vor den Gefahren der Newtonschen Vorhersagbarkeit gerettet hat. Ich fürchte, sie wissen noch nicht, wo ihre wahren Freunde sind.«

Öfter habe ich aus dem Munde von Carl Friedrich von Weizsäcker folgende Bemerkung, so oder ähnlich, gehört: Keiner soll sich wundern, dass die Metaphysik langsam ist und die Physik schnell. In der Physik ist nach drei Jahren ein neues Ergebnis allen Physikern bekannt, dagegen braucht ein metaphysischer Gedanke wohl Jahrhunderte für seine Verbreitung, »und richtig betrachtet ist auch das noch schnell«. Das Wort des amerikanischen Zellforschers Miller ist ein guter Beleg für den *Gangunterschied* von Physik und Metaphysik. Der Bruderkonflikt zwischen ihnen ist durch die Geburt aus dem gleichen Ursprung erzeugt. Wenn die Neuzeit erfüllt war vom Spott der Wissenschaften über die Metaphysik, so war das nur möglich, weil die Physik die Frage nach dem Sein im allgemeinen Sinn für überflüssig erklärt hatte. Sie hätte recht gehabt: Wer schon weiß, was das Sein ist, der kann sich auf die besondere Frage beschränken, wie das Sein – also die Natur – die Körper bewegt.

Als abgemacht und für kluge Köpfe selbstverständlich galt in der Neuzeit: Alle Wirklichkeit ist nur Natur, und alle künftigen Ereignisse lassen sich vorhersagen. Das war die Newtonsche Vorhersagbarkeit. Wenn sie wahr gewesen wäre, wenn sie wenigstens im Prinzip gelten würde, dann wäre die Rolle eines Schöpfergottes in dem Moment zu Ende, wo das Universum ins Dasein tritt.

Das ist der metaphysische Gedanke, er bewegt sich im Schneckentempo, aber bei Miller ist er angekommen. Wir können uns bei der Betrachtung der Wirklichkeit deshalb nicht auf die Physik beschränken, weil die Bewegungen der Körper uns nur ungenau bekannt sind. Deshalb müssen wir die Frage stellen: Was ist das Dasein? Wohin führt das Sein? Warum kann ich den Überblick über das Sein nicht bekommen? Diese Fragen läuten die metaphysische Bekehrung ein. Danach kann die religiöse Bekehrung kommen. »Ich nenne euch nicht mehr Knechte; denn der Knecht weiß nicht, was sein Herr tut. Vielmehr habe ich euch Freunde genannt; denn ich habe euch alles mitgeteilt, was ich von meinem Vater gehört habe.« (Joh 15,15).

Étienne Klein *1958

Die moderne Physik wird »nur dann lebendig bleiben, wenn sie darauf verzichtet, das Wunschbild einer vollkommenen Versöhnung mit der Realität zu lehren, gestützt auf die Religion einer endlich wiedergefundenen Einheit.«

Die Physik hat seit 80 Jahren, seit der Quantentheorie von Bohr und Heisenberg, keinen Schritt mehr nach vorne getan. Das ist die Meinung des französischen Physikers Klein, der an verschiedenen Großprojekten in der Europäischen Organisation für Kernforschung CERN mitgearbeitet hat. Er weiß also, wovon er redet. Zwar gibt es viele neue Experimente, aber die Theoretiker sind außerstande, die Ergebnisse zu deuten, weil ein Großteil von ihnen die Trauerarbeit über die Quantentheorie nicht hinter sich gebracht hat. Viele Naturforscher in der Vergangenheit haben die Physik als Weltanschauung behandelt. Ihr Motto war: Alle Wirklichkeit ist Natur. Das sollte die Religion einer endlich wiedergefundenen Einheit sein. Noch immer träumen viele Leute von der Rolle der klassischen Physik, die einen so sicheren Überblick versprach.

Aber die Wirklichkeit ist anders. Deshalb sieht Klein die Physik in Gefahr. Sie ist dabei, unfruchtbar zu werden, weil sie vom alten Ideal nicht lassen kann. Viele Physiker sind Anhänger von Theorien, die nach einem Modell von Hugh Everett arbeiten, der ausdrücklich das klassische Ideal des Determinismus beibehalten will (S. 14). Er nimmt dabei haarsträubende Vorstellungen über die Wirklichkeit in Kauf. Da sieht man, sagt

Klein kommentierend, »in welche Verlegenheit die Quantenphysik manche Leute bringt«. Würden diese Leute die Quantentheorie annehmen, würde das ihr religiöses oder, besser gesagt, ihr antireligiöses Weltbild ins Wanken bringen. Stattdessen denken sie sich die merkwürdigsten Theorien aus, um die Begegnung mit Gott zu vermeiden. »Wohin könnte ich fliehen vor deinem Geist, wohin mich vor deinem Angesicht flüchten? Steige ich hinauf in den Himmel, so bist du dort; bette ich mich in der Unterwelt, bist du zugegen.« (Ps 139,7 f.).

Dankgebet von Matthias Claudius

Herr, mein Gott, ich danke Dir,
dass ich bin und dass ich lebe:
und wenn ich die Augen hebe,
mich Dein Himmel schauet an;
dass mich Deine Hände führen,
dass ich Deinen Atem spüren
und Dich Vater nennen kann.

Herr, mein Gott, ich danke Dir,
dass ich bin und dass ich lebe:
und wenn ich die Sinne hebe,
Deine Welt mich froh umgibt;
dass uns Brot gedeiht auf Erden,
und die Bäume fruchtbar werden,
weil uns Deine Güte liebt.

Herr, mein Gott, ich danke Dir,
dass ich bin und dass ich lebe:
und wenn ich ein Werk erstrebe,
schließt Dein Segen es mit ein;
dass ich wirken kann mit Händen,
um mein Leben zu vollenden
und den Menschen gut zu sein.

Herr, mein Gott, ich danke Dir,
dass ich bin und dass ich lebe:
und der Wahrheit Zeugnis gebe,
wenn ich Deinen Willen tat;
dass die Liebe ich erfahren
in dem Wort, dem wunderbaren,
das Dein Sohn gesprochen hat.

Herr, mein Gott, ich danke Dir,
dass ich bin und dass ich lebe:
und vor meinem Tod nicht bebe,
weil Du meinen Namen weißt;
weil ich einmal auferstehen,
Dich, den Vater, werde sehen
mit dem Sohn und mit dem Geist.

Nachwort

1
Welchen Wert haben diese Bekenntnisse berühmter Naturforscher? Sie kommen manchmal still wie auf Taubenfüßen daher, manchmal wie im Rausch als Beleg einer großen Verzückung, manchmal zögerlich tastend vor der ungeheuren Wahrheit, manchmal aber auch als ein Programm, das mit Pauken und Trompeten verkündet wird.

Die Frage nach dem Wert trifft also auf ganz verschiedene menschliche Charaktere, die in der Erforschung der Natur ihre Erfahrung mit Gott gemacht haben. Dennoch haben sie einen gemeinsamen Kern, sonst könnten sie nicht allesamt Gottbekenntnisse heißen. Was die Bekenntnisse verbindet, ist die Berührung von zwei Horizonten, man könnte auch sagen, die Begegnung zweier Welten, von Gott und Natur.

Für den Glaubenden sind die Zeugnisse zuerst Fingerzeige auf Gott. Sie wollen anregen, ermuntern, steigern, ordnen, unterstützen. Sie wollen in mir die Frage wecken: Wer ist Gott? Wer bist du, Gott, für mich? Die Antwort auf die Frage können sie nicht wirklich geben. Diese kommt von Gott, denn der Glaube wird immer nur von Gott selbst erzeugt, nicht von mir, nicht von der Natur und auch nicht von einem klugen Spruch. Als Vorübung aber, auch wenn Gott schließlich nur sein eigener Beweis sein kann, sind diese Aussprüche gut geeignet. Der heilige Johannes vom Kreuz bringt die

Sache auf den Punkt: »Gott ist das, was er selbst sein will.« Allerdings gibt Gott zahlreiche Hinweise auf sich selbst, und zwar auf verschiedene Weisen: Er zeigt seine Gottheit durch die Erschaffung der Welt, und er zeigt sein Person-Sein durch Jesus Christus. Die zweite Erscheinungsweise Gottes wird bezeugt durch die Offenbarung und die Kirche, und auf diese Anrede kann ich selbst antworten.

Der Weg über die Wissenschaften führt zu einer anderen Art der Gotteserkenntnis. Sie ist weniger klar und vollständig als die zweite, dennoch ist sie die Voraussetzung der personalen Gotteserkenntnis. Im Brief an die Römer beschreibt der Apostel Paulus diesen Anlauf zu Gott: »Denn was man von Gott erkennen kann, ist ihnen offenbar; Gott hat es ihnen offenbart. Seit Erschaffung der Welt wird seine unsichtbare Wirklichkeit an den Werken der Schöpfung mit der Vernunft wahrgenommen, seine ewige Macht und Gottheit.« (Röm 1,19 f.).

Von dieser Art sind die Gottbekenntnisse hier. Man darf von ihnen nicht die Dreifaltigkeit Gottes verlangen, nicht die Menschwerdung Christi, nicht den Heiligen Geist und auch nicht das Leben der Kirche. Die Aussprüche sind erleuchtet von dem nachleuchtenden Licht der sechs Schöpfungstage, aber sie tragen auch die Verdunkelung in sich, die der Mensch durch die Vertreibung aus der paradiesischen Gottunmittelbarkeit erlitten hat. Viele dieser Zeugnisse ließen sich mit anderen Glaubensbekenntnissen vereinbaren, wenn sie nur die Natur als Schöpfung ansehen. Das muss keinen Christen stören. Der erste Schritt im Glauben ist immer der wichtigste, die staunende Anerkennung der göttlichen Wirklichkeit, die mich über meinen Horizont hinauszieht. Das Verhältnis Gottes zur Natur zeigt sich auf dieser Stufe in folgender Weise: Die Natur ist diejenige Wirklichkeit, die in meine Reichweite fällt, Gott diejenige Wirklichkeit, die nicht in meine Reichweite fällt. Wenn ich diese Tatsache anerkenne, übernimmt Gott selbst die Führung meines Lebens oder, genauer gesagt, ich merke an dieser Stelle, dass Gott immer schon in mir tätig gewesen ist. Jetzt stelle ich es fest.

Zum anderen haben diese Gottbekenntnisse für den Glaubenden eine tröstliche Wirkung. Sie entlasten von dem Druck, sich vor der Naturwissenschaft rechtfertigen zu müssen. Diese Bekenntnisse von Naturforschern sprechen im Zeugenstand für den Glauben anstatt, wie so oft in der Neuzeit, gegen den Glauben. Sie sind die Erläuterung eines tiefsinnigen Wortes von Carl Friedrich von Weizsäcker: »Es ist daher, wenn man aufs Ganze der Wahrheit geht, unmöglich, eine von der religiösen Entscheidung unabhängige Philosophie zu machen. Eine Philosophie, die behauptet, vom Glauben unabhängig zu sein, ist sich in Wahrheit nur des ihr eigentümlichen Glaubens nicht bewusst.«

2

Und welchen Wert haben die Gottbekenntnisse für die Wissenschaften? Ich versuche zu erklären, warum so viele große Forscher religiöse Menschen sind, fast möchte ich sagen alle, aber ihre Schüler und die Philosophen der Naturwissenschaft oft nicht.

Ein geflügeltes Wort sagt: Genie ist zu 99 Prozent Transpiration und zu 1 Prozent Inspiration. Die Betonung liegt auf der Transpiration, dennoch darf die Inspiration als Botenstoff nicht fehlen. Wegen dieses einen Prozentes sind große Forscher eben große Forscher. Sie haben etwas erlebt, sie hatten ein Aha-Erlebnis, einen Einfall, vielleicht nur einen einzigen in ihrem ganzen Leben, aber der reicht. Das macht es ihnen leichter als anderen Leuten, eine göttliche Wirklichkeit anzuerkennen. Kleinere Geister haben einen solchen Einfall nicht gehabt. Sie glauben an den Überblick, den sie jetzt besitzen oder den die Wissenschaft doch einmal besitzen werde, wie sie meinen. Ihr Leben besteht zu 100 Prozent aus Transpiration. Damit fehlt ihnen das religiöse Grunderlebnis, einmal über den eigenen Horizont hinausgerissen worden zu sein. Der ursprünglich kreative Mensch spürt, dass er von einer Kraft jenseits seiner selbst ergriffen wird. Er fühlt sie nur einen Moment lang und hauchweise, aber diese Berührung verwandelt sein Fühlen.

Deshalb haben auch viele Wissenschaftler in der Zeit der klassischen Physik die religiöse Ehrfurcht nicht verloren, obwohl diese Physik für die Erkenntnis Gottes nicht günstig war. Sie hatten zwar persönlich die Berührung erlebt, die zur Erkenntnis Gottes führte, aber die mechanische Physik war von der Art, dass man mit einigem Recht meinen konnte, mit der Zeit alle Wirklichkeit erkennen und in den eigenen Horizont ziehen zu können. Wenn die Weltformel da ist, sind keine Einfälle mehr möglich. Das heißt, es sieht so aus, als ob unser Horizont durch unser eigenes Wissen abgeschlossen werden könnte, was zwar nicht der Fall ist, was aber vielfach plausibel schien und geglaubt wurde. Der Atheismus der Neuzeit war wesentlich eine Folge der mechanischen Physik. Diese Situation hat sich heute grundlegend geändert, da die Quantentheorie als grundlegende Theorie der Natur an die Stelle der klassischen Physik getreten ist.

3

Das Verhältnis zwischen Naturwissenschaft und Glaube würde ich heute so beschreiben: Die Natur liegt im Kampf mit der Natur, aber die Gnade heilt die Natur und vollendet sie. Das ist die Fortschreibung einer alten Formel der Theologie, wie man sie etwa beim heiligen Thomas von Aquin finden kann: »Die Gnade setzt die Natur voraus und vollendet sie.« Das war eine im Mittelalter und bis weit in die Neuzeit hinein gültige Ansicht, da von einer Geschichte der Natur kaum etwas bekannt war. Aber unser stark angewachsenes Wissen über die Natur- und Kulturgeschichte zwingt uns, der alten Formel einen Satz voranzustellen: Die Natur liegt im Kampf mit der Natur. Der Kampf ums Dasein!

Dazu vorab eine Beobachtung: Die übliche Haltung heutiger Physiker zur Religion scheint mir abwartend, aber offen zu sein. Antireligiöse Überzeugungen findet man bei Physikern weniger als bei Biologen und bei diesen weniger als bei Psychologen. Dies mag daran liegen, dass der Streit der Physiker mit der Kirche historisch am weitesten zurückliegt, während die moderne Biologie kaum älter als 150 Jahre ist, die Psychologie ist noch jünger. Es gibt ein bekanntes Wort von Sigmund Freud über die drei Kränkungen, welche die Wissenschaften dem modernen Menschen angetan haben. Die erste Kränkung, sagt er, war die Kopernikanische Wende vor etwa 450 Jahren, als der Mensch begreifen musste, dass er nicht im Mittelpunkt der Welt lebt. Die Erde steht nicht in der Mitte der Welt, sondern dreht sich um die Sonne. Die zweite Kränkung geschah durch Darwin, der dem Menschen zumutete, in der Natur den Affen als seinen Vetter anzuerkennen. Die dritte Kränkung ist die heftigste, sie ist durch Freud selbst geschehen: Er lehrte die schwierige Erkenntnis, »dass das Ich nicht Herr sei in seinem eigenen Haus«.

Dreimal wird das Ich entthront, dreimal antwortet der westlich-rationale Mensch mit einer Revolte gegen die Religion. Er bestraft Gott dafür, dass dieser ihm nicht sein Ich in der Natur garantieren kann, und er bestraft ihn damit, womit er sich selbst bestraft glaubt, mit der Leugnung der Existenz. Hier liegt ein Abgrund, den noch niemand wirklich ausgeleuchtet hat, auch Freud nicht.

Unsere Formel beschreibt diese unübersichtliche Situation, ohne sie zu erklären: Die Natur liegt im Kampf mit der Natur. Denn die erstrebte Identität hat der Mensch in der Natur nicht. Er ist sterblich, wie soll man da von Identität sprechen? Er ist der Enkel von Siegern in einem langen Kampf um das Dasein, er muss kämpfen im Staat, in der Wirtschaft, in der Kultur, und am Ende wird er kein

Sieger mehr sein, selbst wenn er bis dahin seine Triumphe gefeiert hat. Nur wenn der Mensch diese seine wesentliche Schwäche annimmt, kann ihn die Gnade erfassen. Für den bekennenden Sünder gibt es Erlösung, für den trotzigen nicht. So ist nun einmal die Wirklichkeit! Dann aber erreicht er den Frieden, den die Welt nicht geben kann. Und Frieden heißt Identität oder Vollendung der hinfälligen Natur.

4

Ein besonderes Wort noch zu Albert Einstein! Der Name Einstein steht ohne Zweifel zunächst für Glanz. Im Kopf vieler Leute ist er das »Gehirn des Jahrhunderts«. Unter diesem Titel konnte Ende Dezember 1999 ein Hamburger Nachrichtenmagazin seinen Namen mit großem Foto auf der ersten Seite abdrucken. Aber auch für die Tragödie steht sein Name! Durch das eigene wissenschaftliche Werk brachte er seinen Glauben an die Natur ins Wanken, der ihn einst zur Physik getrieben hatte. Am 15. Januar 1927 schreibt er in einem Brief: »Lebendiger Inhalt und Klarheit sind Antipoden, einer räumt das Feld vor dem andern. Das erleben wir gerade jetzt tragisch in der Physik.«

Einstein wurde 1879 in Ulm geboren, als Spross einer jüdischen Familie, die später nach München und dann nach Mailand übersiedelte. Der Vater war ein nicht sehr erfolgreicher Geschäftsmann, der Sohn besuchte in München das Gymnasium, ohne Abschluss. Aber der Schüler war hochbegabt, er fand sich im deutschen Schulsystem nur nicht zurecht. Nach freien Monaten in Mailand macht er das Abitur an der Kantonsschule in Aarau, dann folgt das Studium in Zürich. Freunde finden für ihn am Eidgenössischen Patentamt in Bern eine Stelle, von der er leben kann und die ihm Zeit zur physikalischen Arbeit lässt. Nun ist er auf dem Weg. Eine Explosion von Genie im Jahr 1905! Vier Aufsätze über verschiedene Themen, jeder Aufsatz nobelpreiswürdig: die Spezielle Relativitätstheorie, die Lichtquantenhypothese, die Brownsche Bewegung, die spezifische Wärme fester Körper. Alle Beiträge sind kurz, der kürzeste hat drei Seiten und enthält die berühmte Aussage, nach der die späteren Atombomben ihre Energie gewinnen: $E = mc^2$, wie übrigens auch unsere Sonne.

Der Ruhm beginnt. Einstein wird Professor in Zürich und Prag, schließlich 1914 Akademiemitglied in Berlin, was volle Forschung ohne Lehre bedeutet. Im Jahr 1915 kommt der Durchbruch zur Allgemeinen Relativitätstheorie. Die Theorie sagt die Ablenkung eines Lichtstrahls im Schwerefeld der Sonne voraus. Vier Jahre später wird das Ergebnis von Eddington bei einer Sonnenfinsternis durch das Experiment bestätigt. Dies bringt den Weltruhm, die »rauschhaft-verständnislose Publikumserregung«. Einstein lebt in Caputh bei Berlin, ganz privat und ganz öffentlich, auf dem Wannsee segelnd, geigend, der Forschung lebend.

Dann kommt das Jahr 1933. Von der Machtergreifung auf einer Auslandsreise überrascht, kehrt er nicht nach Deutschland zurück. Die Heimat seiner letzten zweiundzwanzig Jahre findet er in Princeton, USA. Wissenschaftlich und politisch sind die letzten drei Jahrzehnte für Einstein schmerzlich. Im Herzen ein Pazifist, billigt er doch den Krieg gegen Nazi-Deutschland. Er rät 1939 sogar zum Bau der Atombombe, indem er einen von Szilard formulierten Brief an Präsident Roosevelt unterschreibt. In der Wissenschaft gerät er mit der Quantentheorie in Konflikt, die er selbst im Anfang mitgetragen hat. Auf den Glanz folgt die Tragik: Der Wille erreicht nur noch sein Gegenteil.

Wieso kam nach dem Glanz die Tragödie? Sie hängt vielleicht mit Einsteins religiöser Entwicklung zusammen. Drei Phasen lassen sich erkennen. Er schreibt mit 67 Jahren im Rückblick: »So kam ich – obwohl ein Kind ganz irreligiöser (jüdischer) Eltern – zu einer tiefen Religiosität, die aber im Alter von zwölf Jahren bereits ein jähes Ende fand.«

Zuerst also eine starke religiöse Berührung im Kindesalter, dann in der zweiten Phase die Abwendung von der überlieferten Religion, weil die Bibel, wie der junge Einstein populären Schriften entnimmt, mit den Naturwissenschaften in Widerspruch steht! In der dritten Phase wieder Religion, eine Art kosmische Naturmystik in Anlehnung an den Philosophen Spinoza. Bei diesem, der mit seiner Formel »Deus sive natura« Gott und Natur in eins setzte, wollte er beides finden, das starke Gefühl der Religion und die Klarheit des wissenschaftlichen Denkens. Dieser Gott Spinozas hat allerdings kein Gesicht, er ist unpersönlich, und darauf kam es Einstein an. Die Physik sollte beweisen, dass es keinen persönlichen Gott gibt. Einsteins Tragik liegt darin, dass die Physik des 20. Jahrhunderts auf das genaue Gegenteil hinausläuft. Wenn Gott würfelt, dann hat er wohl auch Freiheit, und er hat ein Gesicht.

Einstein sah die Entwicklung mit Schrecken auf sich zukommen. Im August 1927 schreibt er: »Ich kann mir keinen persönlichen Gott denken, der die Handlungen der einzelnen Geschöpfe direkt beeinflusste oder über seine Kreaturen direkt zu Gericht säße. Ich kann es nicht, trotzdem die mechanistische Kausalität von der modernen Wissenschaft bis zu einem gewissen Grade in Zweifel gestellt wird.« Einstein betrieb Physik aus metaphysischen Gründen, und er wusste, was er tat. Bewundernswert an ihm ist bis heute, dass er sich kein X für ein U vorgemacht hat. Er war Physiker geworden, um den personalen Gott und das personale Ich loszuwerden, was er freimütig am Ende des Lebens bekennt. An den Dichter Hermann Broch schreibt er: »Ich bin fasziniert von Ihrem Vergil und wehre mich beständig gegen ihn. Es zeigt mir das Buch deutlich, vor was ich geflohen bin, als ich mich mit Haut und Haar der Wissenschaft verschrieb: Flucht vom Ich und vom Wir in das Es.«

Das ist die Flucht vor dem Personalen! Die klassische Physik hat wirklich einen Zug zum Atheismus, nicht aber die Quantentheorie. Von ihr eben wird die mechanistische Kausalität in Zweifel gestellt.

In den letzten drei Jahrzehnten, von 1925 bis zu seinem Tod 1955, erkennt Einstein die Grenze der Wissenschaft; sie kann nicht leisten, was er von ihr erwartet hatte, als er sich ihr verschrieben hatte. Ja, umgekehrt, die Physik ist dabei, das Personale als den Grund aller Wirklichkeit plausibel zu machen.

Wenn die Welt nicht nach einem mechanischen Plan abläuft, wenn es neben den harten Gesetzen der Naturwissenschaft auch Ereignisse gibt, die von diesen Gesetzen nur ungefähr vorausgesagt werden, dann wird Spinozas Formel hinfällig. Dann ist Gott nicht mit der Natur gleichzusetzen. Dann liegt es eher nahe zu sagen, der Grund der Welt, mit üblichem Namen Gott genannt, ist frei und handelt nach Plan. Sein Handeln in der Welt ist nicht durch Naturgesetze festgelegt, sondern er selbst bestimmt die Gesetze.

Für Theologie und Glaube ist Einstein ein einzigartiger Glücksfall. Er nimmt den Kampf zwischen Glauben und Unglauben ernst. Im Jahr 1941 äußert er: »In dieser persönlichen Gottesidee liegt nun die Hauptursache des gegenwärtigen Konflikts zwischen der religiösen und der wissenschaftlichen Sphäre.« Aber er ist kein Ideologe, er weiß zwischen Wunsch und Wirklichkeit zu unterscheiden. Er fährt fort: »Die Wissenschaft sucht, allgemeine Regeln aufzustellen, die den gegenseitigen Zusammenhang der Dinge und Ereignisse in Raum und Zeit bestimmen. Für diese Regeln beziehungsweise Naturgesetze wird allgemeine und ausnahmslose Gültigkeit gefordert – nicht bewiesen.« Einstein hat den starken Wunsch nach der ausnahmslosen Gültigkeit der Naturgesetze. »Gott würfelt nicht«, das war ein Grundsatz, an dem er nicht rütteln lassen wollte. Aber durch Heisenbergs Unbestimmtheitsrelation hatte dieses Programm schweren Schaden genommen, das wusste er. Gott würfelt nicht? Niels Bohr, der große dänische Physiker, konnte Einstein darauf nur antworten:

»Aber es kann doch nicht unsere Aufgabe sein, Gott vorzuschreiben, wie Er die Welt regieren soll.«

Das Drama, ob Gott würfelt oder nicht, wurde in den letzten drei Jahrzehnten des 20. Jahrhunderts endgültig entschieden. Der Weg verlief so: Einstein hatte die Quantenphysik als vorläufige Theorie akzeptiert. Er entwarf 1935 das berühmte Gedankenexperiment EPR, das die Existenz von verborgenen Parametern zeigen sollte. Gibt es diese Parameter, dann ist die Natur determiniert und Gott kann in ihr nicht würfeln. Da bemerkte der amerikanische Physiker John Bell, der persönlich Einsteins Sicht bevorzugte, wie das Gedankenexperiment ausgeführt werden kann. Realisiert hat dann die schwierigen Experimente vor allem der Franzose Alain Aspect. Seine Ergebnisse aus den 1980er Jahren geben eindeutig Auskunft: Bohr gewinnt, Einstein verliert.

Das hat die Physiker der Einsteinschen Richtung schwer getroffen. Der große Quantentheoretiker Richard Feynman konnte nur noch feststellen: »Die Physik hat aufgegeben. Wir wissen nicht, wie man vorhersagen könnte, was unter vorgegebenen Umständen passieren würde, und wir glauben heute, dass es unmöglich ist – dass das einzige, was vorhergesagt werden kann, die Wahrscheinlichkeit verschiedener Ereignisse ist.« In Einsteins Sprache übersetzt heißt das: Gott würfelt am Ende doch, er lässt sich nicht vorschreiben, wie er die Welt regieren soll. Nietzsche hat diese Art von Niederlage vorausgesehen, so ist er ganz gegen Wunsch und Wille zum Gotteszeugen geworden: »Wer nicht an einen Kreisprozess des Alls glaubt, muss an den willkürlichen Gott glauben.« An den Kreisprozess kann man wegen der Quantentheorie nicht glauben, also kommt nur der willkürliche oder würfelnde Gott in Frage, wobei das Würfeln die Erscheinungsweise der Freiheit Gottes in der Welt ist.

Das Ergebnis wiederum: Die Natur ist diejenige Wirklichkeit, die in meine Reichweite fällt, Gott diejenige Wirklichkeit, die nicht in meine Reichweite fällt. Die Natur kann ich ergreifen, von Gott werde ich ergriffen.

Der Glanz Einsteins ist bekannt, seine Tragik bisher kaum. Für Tragik hatte das 20. Jahrhundert keinen Sinn, es wollte nur Siege und Erfolge sehen. Dafür erlebte es die Tragik an der eigenen Haut. Wird das 21. Jahrhundert mehr Sinn dafür haben, mehr Sinn für die Lage des Menschen? Dann hätte sich Einsteins Kampf gegen den personalen Gott nach Psalm 8 sogar gelohnt: »Aus dem Mund der Kinder und Säuglinge schaffst du dir Lob, deinen Gegnern zum Trotz.«

Nachweise

S. 7 *großer Naturforscher*] Ernst Frankenberger: Gottbekenntnisse großer Naturforscher. Leutesdorf: Johannes, [17]2002. – 48 S.

S. 7 *der harte Kern der Neuzeit*] Zentrale Aussage von Carl Friedrich von Weizsäcker. Der Satz ist in allen späteren Büchern Weizsäckers zu finden. Etwa in: Der Garten des Menschlichen. Beiträge zur geschichtlichen Anthropologie. München: Hanser, 1977. – 612 S.; 22, 61, 93, 413. Oder in: Zeit und Wissen. München: Hanser, 1992. – 1184 S.; 938, 1108. Das gesamte Denken Weizsäckers wird dargestellt in Dieter Hattrup: Carl Friedrich von Weizsäcker – Physiker und Philosoph. Darmstadt: Wiss. Buchges., 2004. – 272 S.

S. 7 *Dreistadiengesetz*] Auguste Comte: Rede über den Geist des Positivismus (1842).

S. 9 *ein ganzer Becher aber macht fromm*] Vgl. nächste Anmerkung.

S. 9 *Kosmos und Gott*] Heinrich Vogt: Kosmos und Gott. Heidelberg: Kerle, 1951; 122.

S. 9 *wartet Gott auf den, der ihn sucht*] Carl Friedrich von Weizsäcker: Die Geschichte der Natur. Zwölf Vorlesungen (1948). Göttingen: Vandenhoeck & Ruprecht, [8]1979. – 133 S.; 117.

S. 10 *Zunge zu rühmen euren Schöpfer*] Johannes Kepler: Weltharmonik – Harmonice Mundi (1619). Darmstadt: Wiss. Buchges., 1973. – 403 S.; 356.

S. 11 *ohne zu zögern darauf, dass Gott ist*] Blaise Pascal: Pensées. Über die Religion und einige andere Gegenstände (1670). Heidelberg: Schneider, [8]1978. – 588 S.; Br. 233.

S. 13 *als der Herr aller Dinge*] Isaac Newton: Mathematische Grundlagen der Naturphilosophie. – Philosophiae naturalis principia mathematica (1687). Hamburg: Meiner, 1988 (Phil. Bibl. Bd. 394). – 254 S.; 226.

S. 14 *um zum Glauben Platz zu bekommen*] Immanuel Kant: Kritik der reinen Vernunft (1787). 2. Aufl.; B xxx.

S. 14 *Überleben des Bestangepaßten*] Die originale Formel Darwins laut: Survival of the fittest. Kant spricht ganz ähnlich von Geschöpfen, die minder zweckmäßig sind, und von anderen, die »angemessener ihrem Zeugungsplatze und ihrem Verhältnisse unter einander sich ausbildeten«. Immanuel Kant: Kritik der Urteilskraft (1790); § 80.

S. 15 *meines Glaubens zweifeln kann*] Vgl. Tihamér Tóth: Mit offenen Augen durch Gottes Natur (1937). Freiburg: Herder, [4]1940. – 176 S.; 161.

S. 17 *hat sich das Rätsel gelöst*] Brief an Wilhelm Olbers vom 3. September 1805. In: Carl Friedrich Gauss: Der Fürst der Mathematiker in Briefen und Gesprächen. München: Beck, 1990. – 231 S.; 70.

S. 17 *der Braunschweiger Anfängerschule mit ihm hat*] Erich Worbs: Carl Friedrich Gauß. Ein Lebensbild. Leipzig: Koehler, 1954. – 247 S.; 17.

S. 18 *die zu ernster, feierlicher Stimmung anregt*] Alexander von Humboldt: Kosmos. Entwurf einer physischen Weltbeschreibung. Bd. 4. Stuttgart u. a.: Cotta, 1858. – 691 S.; 10.

S. 20 *so wird es sich als verkehrt erweisen*] Zitiert nach: Karl von Meÿenn (Hrsg.): Die großen Physiker. Bd. 1. München: Beck, 1997. – 562 S.; 373.

S. 21 *seine Gedanken zu verstehen sich bemüht*] Justus von Liebig: Die Chemie in ihrer Anwendung. Zitiert nach: Hubert Muschalek: Gottbekenntnisse großer Naturforscher (1952). Berlin: Morus, [2]1954. – 270 S.; 19.

S. 22 *um zwei kostbare Jahre meines Lebens gebracht*] Zitiert nach: Werner Heisenberg: Das Naturbild der heutigen Physik. Hamburg: Rowohlt, 1955 (rde 8). – 150 S.; 98.

S. 22 *ich sollte mich wohl einen Theisten nennen*] Charles Darwin: Mein Leben. 1809–1882 (1958). Frankfurt: Insel, 1993. – 279 S.; 97. Das Wort vom »Agnostiker« auf S. 98.

S. 23 *Ursprung der Arten*] Genauer Charles Darwin: Die Entstehung der Arten durch natürliche Zuchtwahl (On the Origin of Species by Means of Natural Selection, or the Preservation of Favoured Races in the Struggle of Life. London, 1859). Stuttgart: Reclam, 1963. – 693 S.

S. 24 *die Vorschule der christlichen Religion*] Zitiert nach: Tihamér Tóth: Mit offenen Augen durch Gottes Natur (1937). Freiburg: Herder, [4]1940. – 176 S.; 164.

S. 26 *allein vernunftgemäßen Theismus wieder zuführen*] Brief an Charles Hermite vom 21. Januar 1894. Vgl. Walter Purkert u. a. (Hrsg.): Georg Cantor 1845–1918. Basel u. a.: Birkhäuser, 1987. – 262 S.; 117.

S. 26 *soll uns niemand vertreiben können*] David Hilbert: Über das Unendliche. In: Math. Annalen 95 (1925) 161–190; 170.

S. 26 *auch nicht annähernd erkannt werden*] In: Math. Annalen 21 (1883) 587.

S. 27 *für den größten unter ihnen: Gott*] Zitiert nach: Hubert Muschalek: Gottbekenntnisse großer Naturforscher (1952). Berlin: Morus, ²1954. – 270 S.; 25.

S. 28 *die Religion braucht er zum Handeln*] Max Planck: Vorträge und Erinnerungen (1949). Darmstadt: Wiss. Buchges., ⁸1970. – 380 S.; 332.

S. 30 *Seine Macht liegt in der Gewaltlosigkeit*] Alfred North Whitehead: Wie entsteht Religion? (1926) Frankfurt: Suhrkamp, 1990. – 128 S.; 46.

S. 30 *Genauigkeit ist ein Schwindel*] Alfred North Whitehead: Essays in Science and Philosophy. New York: Greenwood, 1968. – 348 S.; 96.

S. 31 *so überlebt der menschliche Geist das Großhirn*] Jakob von Uexküll: Der unsterbliche Geist in der Natur. Gespräche (1938). Hamburg: Wegner, 1947. – 98 S.; 98.

S. 32 *zwischen zwei Arten von Unwissenheit handelt*] Vgl. Robert Millikan: Evolution in Science and Religion (1928). Port Washington, NY: Kennikat Press, 1973. – 95 S.

S. 33 *in die Hand genommen werden*] Friedrich Nietzsche: Nachgelassene Fragmente 1880–1882. KSA Bd. 9. München: dtv, 1988. – 688 S.; V 11 [276]; S. 547.

S. 33 *das ist kein Streit um Gottes willen*] Carl Friedrich von Weizsäcker: Die Einheit der Natur. Studien. München: Hanser, 1971. – 491 S.; 299.

S. 34 *die Unendlichkeit des Unendlichen begreifen*] B. L. Jacot u. a.: Marconi. Beherrscher des Äthers. Berlin u. a.: Höger, 1937. – 298 S.; 207.

S. 35 *in Gottes und des Arztes Hand*] Ferdinand Sauerbruch: Das war mein Leben (1951). Gütersloh: Bertelsmann, 1956. – 479 S.; 133.

S. 36 *muss seine Schöpfung ein Denkakt gewesen sein*] Sir James Jeans: Der Weltenraum und seine Rätsel (The mysterious Universe 1930). Stuttgart u. a.: DVA, 1931. – 215 S.; 204.

S. 38 *aber boshaft ist er nicht*] Banesh Hoffmann: Albert Einstein. Schöpfer und Rebell (1972). Zürich: Belser, 1976. – 312 S.; 172. Für die anderen Zitate vgl. Dieter Hattrup: Einstein und der würfelnde Gott. An den Grenzen des Wissens in Naturwissenschaft und Theologie. Freiburg: Herder, ³2002. – 304 S.

S. 39 *ein Signum seiner höheren Abkunft*] Max von Laue: Geschichte der Physik. Bonn: Universitäts-Verlag, 1947. – 148 S.; 9.

S. 40 *ist der Christus-Universalis*] Pierre Teilhard de Chardin: Mein Glaube. Werke Bd. X. Olten: Walter, 1972. – 290 S.; 116.

S. 42 *kein Bild der Wirklichkeit ist*] Max Born: Physik und Politik. Göttingen: Vandenhoeck & Ruprecht, 1960. – 75 S.; 36.

S. 42 *Gottes ewigen Gesetzen*] Max Born: Physik im Wandel meiner Zeit (1957). Braunschweig: Vieweg, ^{5}1959. – 252 S.; 247.

S. 43 *mit unserer mystischen Erkenntnis Gottes*] Arthur Stanley Eddington: Das Weltbild der Physik und ein Versuch seiner philosophischen Deutung. Braunschweig: Vieweg, 1931. – 335 S.; 316.

S. 44 *von Worten wie Wissen und Glauben geschaffen*] Niels Bohr: Atomphysik und menschliche Erkenntnis. Bd. I. Aufsätze und Vorträge aus den Jahren 1933 bis 1955. Braunschweig: Vieweg, 1964. – 104 S.; 82.

S. 46 *von Gottes Quantenmechanik vollendet wurde*] Erwin Schrödinger: Was ist Leben? (1944) München: Piper, 52001. – 156 S.; 146 f.

S. 47 *zum guten Leben der modernen Welt besitzt*] Arthur H. Compton: Die Atombombe und ich. Ein persönlicher Erlebnisbericht. Frankfurt/M.: Nest, 1958. – 480 S.; 448.

S. 48 *das er vielleicht mit Gott identifiziert*] René Dubos: Der entfesselte Fortschritt – Programm für eine menschliche Welt (So human an animal 1968). München: König, 1973. – 198 S.; 126.

S. 50 *die wir mit unseren Sinnen wahrnehmen*] Werner Heisenberg: Physik und Philosophie. Berlin: Ullstein, 1959. – 197 S.; 57. Jetzt auch: Stuttgart: Hirzel, 2000. – 288 S.

S. 50 *ich habe das Kausalgesetz widerlegt*] Vgl. Carl Friedrich von Weizsäcker: Wahrnehmung der Neuzeit. München: Hanser, 1983. – 440 S.; 136, 330.

S. 51 *heute nicht mehr da sind*] Pascual Jordan: Der Naturwissenschaftler vor der religiösen Frage (1963). Oldenburg: Stalling, ^{5}1968. – 352 S.; 349.

S. 52 *uns kommt das fast lächerlich vor*] Hans-Georg Gadamer: Der Anfang der Philosophie (1993). Stuttgart: Reclam, 2000. – 175 S.; 34.

S. 53 *noch worauf wir Anspruch haben*] »The miracle of the appropriateness of the language of mathematics for the formulation of the laws of physics is a wonderful gift that we neither understand nor deserve.« Eugene Paul Wigner: The Unreasonable Effectiveness of Mathematics. In: Communications in Pure and Applied Mathematics 13 (1960) 1–14.

S. 54 *er muss mir intellektuell gewachsen sein*] »But he will have to be a special kind of priest, one that will be intellectually compatible.« In: William Poundstone: Prisoner's Dilemma. Oxford: University Press, 1993. – 290 S.; 194.

S. 56 *im unendlichen Kosmos der Galaxien ist*] John C. Eccles: Gehirn und Seele (Facing Reality 1970). München: Piper, 1987. – 285 S.; 265.

S. 56 *Das Ich und sein Gehirn*] Vgl. etwa Karl R. Popper; John C. Eccles: Das Ich und sein Gehirn (1977). München: Piper, 1982. – 699 S.

S. 57 *Geschaffen wird diese neue Person von Gott*] Viktor Emil Frankl: Logos und Existenz. Wien: Amandus, 1951. – XIII, 96 S.; 51.

S. 58 *Schauen einer unendlichen Herrlichkeit*] Viktor Emil Frankl: Ein Psychologe erlebt das Konzentrationslager (1946). Wien: Verl. f. Jugend u. Volk, ^{2}1947. – 130 S.; 53.

S. 59 *einen logischen Widerspruch darstellt*] Edward Teller: Die dunklen Geheimnisse der Physik (1991). München: Piper, 1993. – 271 S.; 196.

S. 59 *und das hat sich erfüllt*] Carl Friedrich von Weizsäcker: Wahrnehmung der Neuzeit. München: Hanser, 1983. – 440 S.; 387.

S. 60 *Indem wir leben, glauben wir*] Carl Friedrich von Weizsäcker: Zeit und Wissen. München: Hanser, 1992. – 1184 S.; 51.

S. 62 *mit einer wirklich unendlichen Genauigkeit*] Ilya Prigogine u. a.: Dialog mit der Natur. Neue Wege naturwissenschaftlicher Denkens (frz. La nouvelle Alliance. Paris, 1979). München u. a.: Piper, ^{6}1990. – 346 S.; 325.

S. 62 *Also gibt es keine Götter*] Friedrich Nietzsche: Zarathustra II. Auf den glückseligen Inseln.

S. 63 *im voraus festgelegten Plan geben*] »Natural laws and chance may equally be instruments of God's intentions. There can be purpose without an exact predetermined plan.« Ian Barbour: Religion and Science. San Francisco: Harper & Collins, 1997. – XV, 368 S.; 216.

S. 64 *aber auch nicht vom bloßen Zufall*] Ilya Prigogine u. a.: Das Paradox der Zeit. Zeit, Chaos und Quanten. München u. a.: Piper, 1993. – 338 S.; 326.

S. 64 *komplementären Sinn einander gegenüber*] Hans-Peter Dürr (Hrsg.): Physik und Transzendenz. Die großen Physiker unseres Jahrhunderts über ihre Begegnung mit dem Wunderbaren (1986). Bern: Scherz, ^{5}1991. – 349 S.; 11.

S. 65 *ohne vorherige Ursache im üblichen Wortsinn*] Paul Davies: Die Unsterblichkeit der Zeit. Die moderne Physik zwischen Rationalität und Gott. Bern u. a.: Scherz, 1995; 219 f.

S. 66 *und Einstein bedauerlicherweise unrecht*] Paul Davies: Die Unsterblichkeit der Zeit (1995); 208.

S. 67 *Im Anfang war das Wort*] Anton Zeilinger: Einsteins Schleier. Die neue Welt der Quantenphysik. München: Beck, 2003. – 256 S.; 207.

S. 68 *Wirklichkeit und Information sind dasselbe*] Anton Zeilinger: Einsteins Schleier (2003); 219.

S. 68 *der Newtonschen Vorhersagbarkeit gerettet hat*] »Sadly, few theologians appreciate the degree to which physics has rescued religion from the dangers of Newtonian predictability. I suspect that they do not know (at least not yet) who their true friends are!« Kenneth R. Miller: Finding Darwin's God: A Scientist's Search for Common Ground Between God and Evolution. New York: Cliff Street, 1999. – 338 S.; 204.

S. 68 *ist auch das noch schnell*] Dieter Hattrup: Carl Friedrich von Weizsäcker – Physiker und Philosoph (2004); 140. Vgl. auch: Carl Friedrich von Weizsäcker: Die Einheit der Natur. München: Hanser, 1971. – 491 S.; 382.

S. 70 *einer endlich wiedergefundenen Einheit*] Étienne Klein u. a.: Die Entwirrung des Universums. Physiker auf der Suche nach der Weltformel. Stuttgart: Klett-Cotta, 1999. – 233 S.; 216.

S. 71 *die Quantenphysik manche Leute bringt*] Étienne Klein u. a.: Die Entwirrung des Universums (1999); 111.

S. 72 *Dankgebet von Matthias Claudius*] Mit diesem Gebet endet die Sammlung von Ernst Frankenberger auf S. xx f., hiermit soll auch die neue Sammlung zu Ende gehen: Deo gratias!

S. 75 *Gott ist das, was er selbst sein will*] Ulrich Dobhan u. a.: Johannes vom Kreuz. Die Biographie. Freiburg u. a.: Herder, 1992. – 200 S.; 122.

S. 76 *des ihr eigentümlichen Glaubens nicht bewusst*] Carl Friedrich von Weizsäcker: Zeit und Wissen. München: Hanser, 1992. – 1184 S.; 53.

S. 78 *Natur voraus und vollendet sie*] »Sic enim fides praesupponit cognitionem naturalem, sicut gratia naturam, et perfectio perfectibile.« Thomas von Aquin: Summa theologiae; I q2 a2 ad 1.

S. 79 *nicht Herr sei in seinem eigenen Haus*] Sigmund Freud: Eine Schwierigkeit der Psychoanalyse (1917). In: Gesammelte Werke Bd. 12. Frankfurt: Fischer, 1947. – 355 S.; 11.

S. 80 *Gehirn des Jahrhunderts*] Einen letzten Versuch, den Mythos zu bedienen, machte Der Spiegel 50 (1999) 260–280 unter dem Titel Das Gehirn des Jahrhunderts.

S. 81 *rauschhaft-verständnislose Publikumserregung*] Carl Friedrich von Weizsäcker: Wahrnehmung der Neuzeit. München: Hanser, 1983. – 440 S.; 123.

S. 82 *von zwölf Jahren bereits ein jähes Ende fand*] Paul A. Schilpp (Hrsg.): Albert Einstein als Philosoph und Naturforscher. Eine Auswahl (1951). Braunschweig u. a.: Vieweg, 1983. – 249 S.; 1.

S. 83 *Flucht vom Ich und vom Wir in das Es*] Banesh Hoffmann: Albert Einstein. Schöpfer und Rebell (1972). Zürich: Belser, 1976. – 312 S.; 298.

S. 84 *der religiösen und der wissenschaftlichen Sphäre*] Albert Einstein: Aus meinen späten Jahren (1979). Frankfurt u. a.: Ullstein, 1993. – 275 S.; 44.

S. 85 *wie Er die Welt regieren soll*] Werner Heisenberg: Der Teil und das Ganze. Gespräche im Umkreis der Atomphysik. München: Piper, 1969. – 334 S.; 115.

S. 85 *Wahrscheinlichkeit verschiedener Ereignisse ist*] Richard P. Feynman u. a.: Vorlesungen über Physik. Bd. III. Quantenmechanik (1965). München u. a.: Oldenbourg, ²1992. – 503 S.; 30.

S. 86 *muss an den willkürlichen Gott glauben*] Friedrich Nietzsche: Nachgelassene Fragmente 1880–1882. KSA Bd. 9. München: dtv, 1988. – 688 S.; V, 2; 11 [31–2].

Namenregister

Archimedes 43, 54
Aspect, Alain 85
Bacon, Francis 9, 59
Barbour, Ian 63 f., 91
Bell, John 85
Bohr, Niels 44 f., 51, 60, 66, 70, 84 f., 90
Born, Max 41 f., 52, 90
Broch, Hermann 83
Cantor, Georg 25 f., 88
Claudius, Matthias 72, 92
Compton, Arthur H. 47, 90
Comte, Auguste 7, 87
Darwin, Charles 14, 22 f., 31, 33, 40, 79, 87 f., 92
Davies, Paul 65 f., 91 f.
Davy, Humphry 20
Descartes, René 59
Dobhan, Ulrich 92
Dubos, René 48 f., 90
Dürr, Hans-Peter 64 f., 91
Eccles, Sir John 31, 56 f., 91
Eddington, Arthur Stanley 43, 81, 90
Edison, Thomas Alva 27 f., 34
Einstein, Albert 38, 41, 43 f., 46 f., 50, 66, 80–86, 92 f.
Everett, Hugh 70
Frankenberger, Ernst 7, 87, 92
Faraday, Michael 20
Fermi, Enrico 63
Feynman, Richard P. 85, 93
Frankl, Viktor Emil 57 f., 91
Freud, Sigmund 57 f., 79, 92
Gadamer, Hans-Georg 52, 90
Galilei, Galileo 33
Gauß, Carl Friedrich 17 f., 88
Goethe, Johann Wolfgang von 59
Hattrup, Dieter 8, 87, 89, 92
Haeckel, Ernst 52
Heisenberg, Werner 50 f., 60, 63, 65, 70, 84, 88, 90, 93

Hilbert, David 26, 88
Hillel 33
Hoffmann, Banesh 89, 93
Humboldt, Alexander von 18 f., 88
Jacot, B. L. 89
Jeans, James 36 f., 89
Jesus 75
Johannes vom Kreuz 74, 92
Jordan, Pascual 51 f., 90
Kant, Immanuel 14 f., 87
Kepler, Johannes 10 f., 13, 17, 87
Klein, Étienne 70, 92
Kolumbus, Christoph 18
Laue, Max von 39 f., 89
Liebig, Justus Freiherr von 21 f., 88
Marconi, Guglielmo 34 f., 89
Mayer, Robert von 24 f., 47
Meÿenn, Karl von 88
Miller, Kenneth R. 68 f., 92
Millikan, Robert Andrews 32 f., 89
Muschalek, Hubert 88 f.
Napoleon 16
Neumann, John von 53, 54 f.
Newton, Isaac 12–14, 87, 92
Nietzsche, Friedrich 33, 62, 85, 89, 91, 93
Olbers, Wilhelm 88
Pascal, Blaise 11 f., 26, 87
Paulus (Apostel) 19, 75
Planck, Max 28 f., 37, 41, 46, 89
Popper, Karl 61, 91
Poundstone, William 91
Prigogine, Ilya 61–63, 91
Purkert, Walter 88
Rayleigh, John William Strut 37
Roosevelt, Franklin D. 82
Russell, Bertrand 30
Sauerbruch, Ferdinand 35 f., 89
Schammai 33
Schelling, Friedrich Wilhelm Joseph von 21
Schilpp, Paul Arthur 93
Schrödinger, Erwin 46, 90
Singer, Wolf 52

Sokrates 61
Spinoza, Benedictus de 82, 84
Strittmatter, Anselm 55
Szilard, Leo 82
Teilhard de Chardin, Pierre 40 f., 89
Teller, Edward 59, 91
Templeton, John M. 66
Thomas von Aquin 8, 78, 92
Tóth, Tihamér 88
Uexküll, Jakob von 31, 89
Vergil (Dichter) 83
Vogt, Heinrich 9, 87
Volta, Alessandro Giuseppe Graf 15 f.
Voltaire 41
Wagner, Richard 59
Weizsäcker, Carl Friedrich von 7, 9, 60 f., 68, 76, 87, 89–93
Whitehead, Alfred North 30 f., 89
Wigner, Eugene Paul 53 f., 90
Worbs, Erich 88
Zarathustra 91
Zeilinger, Anton 67, 92